华夏文库·儒学书系

传世奇文

千字文

秦际明 著

大地传媒　中州古籍出版社

《华夏文库》发凡

毫无疑问,每一个时代都有属于自己时代的精神追求、文化叩问与出版理想。我们不禁要问,在 21 世纪初叶,在全球文明交融的今天,在信息文明的发轫初期,作为一个中国出版人,我们正在或者将要追求什么?我们能够成就或奉献什么?我们以何种方式参与全球化时代的文化传播进程?在一连串的追问下,于是,有了这套《华夏文库》的出版。

自信才能交融。世界各大文明在坚守自身文化个性的同时,不约而同地加快了探视其他文化精神内涵的步伐,世界不同文明正在朝着了解、交流、碰撞、借鉴与融合的方向前进。在此背景下,建立自身的文化自信,正是与世界各文明民族进行文化交流的基本要求。五千年中华文明与文化正在不断地被其他文明所发现、所挖掘、所认知,汉语言正在生长为世界语言,儒文化正在世界各地落根发芽。

借助这样一种正在成长着的文化自信、自觉、开放、亲和之力,用我们这个时代的学术眼光全面而系统地梳理中华五千年的文明与文化,向其他各大文明与文化圈正面展示自我,让中华优秀文化成为世界文化的重要组成部分,正是我们出版这套文库的目的之一。此其一。

知己才能知彼。身处五千年文化浸润的今天,重新思考我们先人的人生思考、价值思考与哲学思考,找到一个民族、一个国家的价值所在、立命所在、安身所在,这已经是我们这个时代的学人与出版人不得不再思考的问题。作为中华文明的一分子,我们在思考的同时,还必须了解我们的先人创造了如何优秀的精神文明与物质文明以及社会文明。只有熟知自己的文化,热爱自己的文化,悟明自己的文化,我们才能宣说自己、弘扬自己、光大自己。因此,我们策划组织这套《华夏文库》的初衷,还在于让当下的知识青年全面而系统地瞭望中华文明与文化的全景,并借此能够为更为深广的世界各民族文化提供一个比较认知的基础。此其二。

顺势才能有为。我们正处在农耕文明、工业文明、信息文明的交汇处,信息文明带领我们从读纸时代进入读屏时代,以智能手机屏幕为代表的书籍呈现方式正在与纸质书籍争夺阅读时间与空间。我们正在领悟数字技术,正在以信息文明的视角,去整理、分析和研究农耕文明与工业文明的文化遗产,不仅仅是为了唤醒优秀的传统文化,我们还在生发和原创着当今时代的文化。由此,我们试图架起一座桥梁——由纸质呈现而数字呈现,由数字呈现而纸质呈现,以多媒介的书籍呈现方式,将文字、图像、声音与视频四者结合,共同筑成《华夏文库》以奉献给信息文明时代的新读者。此其三。

总之,这是一套——专家大家名家写小书;以最小的阅读单元,原创撰写中华精神文化、物质文化与社会文明系列主题与专题;以图文、音视频多媒介呈现的方式,全面介绍与传播中华文明与优秀文化,系统普及与推介中华文明与文化知识;主旨是为了让世界与中国共同了解中国的——大型丛书,借此,复兴文化,唤起精神,融入世界。

耿相新

2013 年 6 月 27 日

目 录

一 传统启蒙教育经典
   ——《千字文》

   1 《千字文》作为幼学教材 …………… 2

   2 《千字文》作为序号 …………… 7

二 《千字文》的编定

   1 《千字文》与书圣王羲之 …………… 10

   2 《千字文》的作者周兴嗣 …………… 13

   3 《千字文》与历代书法创作 …………… 15

三 天地

   1 天地起源的传说 …………… 21

  2 宇宙 ·· 26

  3 四时 ·· 28

四 人皇

  1 三皇 ·· 33

  2 五帝 ·· 38

  3 三代之王 ···································· 43

五 伦常

  1 男女夫妇 ···································· 48

  2 父子君臣 ···································· 53

  3 孔怀兄弟 ···································· 56

六 修身

  1 仁义不可须臾离也 ························ 60

  2 孟轲敦素 ···································· 64

  3 史鱼秉直 ···································· 69

七　神州

    1　京都 ································· 74

    2　湖海名山 ····························· 83

八　功名

    1　匡君治世 ····························· 89

    2　春秋五霸 ····························· 95

    3　刑法治世 ···························· 100

    4　战国名将 ···························· 104

九　生活

    1　治本于农 ···························· 115

    2　生活情致 ···························· 120

    3　技巧佳妙 ···························· 126

    4　索居闲处 ···························· 132

小知识目录

明堂	5
历史上的梁武帝	12
斯人也，而有斯疾也	14
靖康耻，犹未雪	19
杞人忧天	25
二十四节气	31
普罗米修斯盗火	37
《封神演义》	46
《春秋》及其三传	55
中国古人的坐姿	68
《赵氏孤儿》	72
封禅	86
亮阴三年	94
问鼎中原	99
辛弃疾	113
社稷	125
《庄子》	131

一 传统启蒙教育经典
——《千字文》

说起《千字文》，也许很多人都会想起隋代智永禅师绝美的书作《真草千字文》吧。直至今天，它仍然是临书之典范。《千字文》即是由1000字组成的韵文，其神奇在于它竟然一字不重。古人到底是怎么做到这一点的呢？它又讲述了一个怎样的世界？就让我们走进《千字文》吧。

1.《千字文》作为幼学教材

在当代，人民教育出版社出版的小学课本《语文》和《数学》构成我们儿时非常纯真的记忆。这也是我们小时候所读的书，其内容主要是识字和算数。我们小学的语文课除了教我们认字造句作文之外，还进行爱党爱国爱人民的教育以及尊敬长辈，与小朋友友好相处的日常礼仪规范教育。

进入新世纪以来，我国的教育事业有了长足的进步。现在的小朋友学的东西可多啦，除了语文、数学、英语、自然、社会等文化知识，还可以选学钢琴、古筝等乐器，游泳、羽毛球之类的体育项目，以及书法、围棋等艺术修养的课程。现在的小学生在收获多的同时，压力也真不小啊。

古代的小朋友们都读什么书呢？自宋明以至于清末，《千字文》与《三字经》《百家姓》一起，构成了中国人民最基础的"三、百、千"启蒙读物。旧有打油诗云："学童三五并排坐，天地玄黄喊一年。"说的就是这三本书。《千字文》以儒家纲常为主要内容、穿插诸多历史地理与人文常识,用优美的四字韵语写出,非常适于儿童诵读,后来就成了中国古代教育史上影响非常深远的启蒙教材。

我们知道,春秋之时,孔子于公学之外自己办私学,教以诗书礼乐御射数。所谓诗是指《诗经》,书是指《尚书》,礼是指关于礼的经典文献和具体礼仪的演习,乐包括音乐和舞蹈,御是指驾车,射是射箭,数大概是算术吧。可见在孔子的学园里,是非常注重德智体美劳全面发展的。不过这一份学习单子就不只教"小学生"了,孔子所带的"大学生"也是这样学的。至于那个时候像《三字经》《千字文》这样特别基础的教材是什么,那就不得而知了。今天,我们从经典的电视剧《红楼梦》里,贾宝玉和秦钟上学,也可窥见以前孩子上学之一"斑"。

《红楼梦》里塑造的私塾教书先生贾代儒十分典型。他为人方正而迂腐。宝玉两次进塾就读,八股文也都是跟他学的。自己读书授学一辈子,却未能教好自己的孙子贾瑞,让人叹息。总的来说,贾代儒这样有原则、有节操的旧知识分子还是让人十分敬重的。

现代的学校按学习程度分为小学、中学、大学。古代虽有小学、大学,但与现代的含义不太一样。古代的小学是子弟启蒙学校,而大学除了师傅带学生讲学之外,还具有助王宣德教的政治功能,所以叫作学官,里面的老师都是有官位品级的。古代的学校按立学的等级分,如天子有天子之学,诸侯有诸侯之学。《礼记·王制》曰:"天子命之教,然后为学。小学在公宫南之左,大学在郊。天子曰辟雍,诸侯曰泮宫。"意思是说小学建在王宫的东南方向,而大学建在城郊。天子之学叫作辟雍,诸侯之学叫作泮宫。《白虎通》说:"天子立辟廱者何?所以行礼乐,宣德化也。"此辟廱即辟雍也,辟雍是天子立以行礼乐、宣德化的。古代之政治重教化,要向普通老百姓教以孝悌廉耻,这很大程度上就靠各级学校来施行。古代的地方长官大都是读书治经出身,会亲往当地的官学去讲学,以行礼乐、宣德化,劝子弟向学、劝百姓向善。

在后世,大凡普通家族,皆立有私塾,合族延请先生来教书,可供本族子弟上学。又,五百家合在一起叫作党,即乡党之党。党一级所设的学校叫庠。二十五党合为一乡,乡所设的学校叫作序。所以《孟子》里面说:"谨庠序之教,申之以孝悌之义,颁白者不负戴于道路矣。"这里的"庠序"就是指乡党学校了,也可以泛指学校教育,这就是说,如果"庠序之教"做得好,进而教以"孝悌之义",那么大家就会主动地帮助老人,而不会让年纪大的人还背负重物在路上。最后,国家最高学府叫作太学。太学之名始于周,而创建于汉,大致相当于古之辟雍。

太学的规模很大,东汉时,太学一度有学生3万人,可见其时学风之盛。那时的学校不像现在这样,经济、法律、农林、化工等什么都学,而是以专研儒家经典为主。按现在的说法,叫作人文通识教育。靠太学里所学的诚然毕业后可以出来作官,但其学问本身乃是为己之学。所谓为己之学乃是自己从学习中提升道德,获得快乐,而不是为了别的东西。而现在的大学大多只是职业教育,教你一门职业技术,如法律、会计、工商管理之类,这是挣钱之学,而不是为己之学。这些学问对修身化德没什么作用。

《千字文》作为蒙幼教材也反映了古代教育重人文德性的特点。《千字文》以"天地玄黄,宇宙洪荒"开始,必落脚于"景行维贤,克念作圣"的人文理念,"上和下睦,夫唱妇随"这样的社会规范,以及"仁慈隐恻"与"节义廉退"这样的品德修养。

北京国子监辟雍
始建于乾隆年间,是皇帝讲学的殿堂。大殿为两重屋檐,上覆黄色琉璃瓦;
大殿正面屋檐下,高挂着乾隆皇帝书写的"辟雍"匾额

小知识◎明堂

明堂是古代帝王宣明政教的地方。凡朝会、祭祀、庆赏、选士、养老、教学等大典,都在此举行。《礼记》中有一篇《明堂位》,记载明堂的样式和礼仪。辟雍即明堂外面环绕的圆形水沟,环水为雍(意为圆满无缺),圆形像辟(辟即璧,皇帝专用的玉制礼器),象征王道教化圆满不绝。

孔子杏坛讲学图

相传孔子立私学,广授学徒。他就在曲阜的杏林中设坛讲学,学生席地而坐,聆听教诲

2.《千字文》作为序号

在古代,《千字文》不只是作为儿童启蒙教材,也渗透到了日常生活中,比如用于排序。古代排序一般不是用一二三四五,而是用天干地支或千字文,如甲乙丙丁或天地玄黄之序。天字号作为排行第一的称谓,就源于此。科举考试的号舍和兵营等都用千字文排,但不严格按《千字文》的顺次,而是把如"吊""罪""毁""伤""祸""恶"等不吉利字和生僻字除掉。

金朝时的一些官印居然也以《千字文》排行,如清人钱大昕《十驾斋养新录》对金兴定元年(1217年)的"提控菜字印"解释道:"菜字不知何意,当取周兴嗣《千字文》编号耳。"菜字在《千字义》是第61位,可见金朝官僚机构之臃肿。

现在身份证号居然长达18位,车牌号、电话号码也越来越长。手机号已经有11位了,很难记忆。其原因就是使用十进制,而数量又特别庞大,其位数当然也多。而如若使用我们传统的《千字文》作为序号,号码就简洁多了。《千字文》可是千进位的,两个字,就可以相当于十进制的6位数。手机号码11位，而《千字文》只须四个字，可容纳的总数就比它大十倍。而且汉字皆有意义，短而好记，也更有趣，数字和字母都嫌枯燥呆板。

武汉大学的校园环境特别优美，整个校园依珞珈山而建，学生宿舍就分布在山腰、山脚。那里最古老的宿舍楼叫老斋舍，是武汉大学非常著名的一个地方，建于1931年，由《千字文》里的"天地玄黄，宇宙洪荒。日月盈昃，辰宿列张"来为16个门洞命名，至今仍有不少学生居住其中。住在这么有文化气息的地方，真是教人羡慕！

老斋舍建筑整体设计巧妙，由四栋宿舍组成，这四栋宿舍由三座罗马券拱门连为一体。建筑主体以花岗岩的灰色为主色调，尤显质朴大方、厚重沉稳，入口处修建有多层阶梯（百步梯），外形统一，气势宏伟。为突出其导向性，又在此基础上将拱门上部修了一层单檐歇山式亭楼。

每栋宿舍由两个大天井将宿舍分隔为前中后3排，各排则依山势高低分为1至4层；每栋每层以《千字文》命名，形成天、地、玄、黄、宇、宙、洪、荒、日、月、盈、昃、辰、宿、列、张16个斋舍。宿舍屋顶做成了平面，蕴含"地不平天平"的理想追求，即虽然众生起点不一，但通过努力学习，都会达到一样的成就。类似的文化解读，在武大的老建筑中层出不穷，耐人寻味。在非常现代化的今天，很难再产生这样具有浓厚人文意蕴的建筑了。

二 《千字文》的编定

《千字文》是由 1000 个不重复的字组成的，更神奇的是，这 1000 个字绝不是简单地拼凑在一起，而是构成了四字为句的优美的韵文。不仅如此，《千字文》内容广博、丰富而深刻，从天地到人伦、器物，连珠成文，让人惊叹。接下来要讲述的是关于《千字文》本身的故事。

1.《千字文》与书圣王羲之

王羲之是著名的书法家,他在世的时候声望就已经相当高了,千百年来号为"书圣",在书坛地位之尊无人可及。

他的代表作《兰亭集序》是历代书作经典中的经典,是历代书家学习的范本。虽然,据说其真迹早已和唐皇李世民一起埋在地底下,众人所见,不过是别人仿制的而已。即便如此,也丝毫未损它的威名。

董其昌在《画禅室随笔》中写道:"右军《兰亭序》,章法为古今第一,其字皆映带而生,或小或大,随手所如,皆入法则,所以为神品也。"《兰亭序》的章法,仿佛如天生丽质,翩翩起舞,其舞姿之美是无与伦比的。

王羲之少从卫夫人学书法。后来草书学张芝,正书学钟繇,博采众长,精研体势,一变汉魏以来波挑用笔,独创圆转流利之风格,隶、草、正、行各体皆精。王羲之为人豁达风雅,人如其字一样美妙。正如他在《兰亭集序》中所说:"夫人之相与,俯仰一世,或取诸怀抱,悟言一室之内;或因寄所托,放浪形骸之外。虽趣舍万殊,静躁不同,当其欣于所遇,暂得于己,快然自足,不知老之将至。"在他身上集中体现了魏晋人的真性情。

　　王羲之最终被推上"书圣"的崇高位置，有两个帝王功不可没。这两个帝王一是梁武帝萧衍，二是唐太宗李世民。南梁朝时，距王羲之时代仅100余年，书法大盛。其时书者，以书法线条的"肥"与"瘦"来评判优劣。在书法线条上比王羲之要"瘦""硬"的王献之，在当时书界的地位比其父王羲之要高。而梁武帝认为世人皆写"今瘦"体书，把"文所不书"的"字外之奇"这一根本的审美原则丢掉了。于是梁武帝萧衍"有异众说"，标举王羲之、钟繇，把"殆同机神"作为书学批评标准。

王羲之

王羲之，字逸少，号澹斋，原籍山东琅邪，后迁居会稽。是我国东晋时期的大书法家，有"书圣"之称。曾任会稽内史，领右将军，故世称"王右军"。其子王献之书法亦佳，合称为"二王"

　　梁武帝在宫中收藏了大量王羲之的作品，他让殷铁石从中拓下不同的字。拓好后每字一张小纸片，堆了一大堆。梁武帝一向欣赏文士周兴嗣的才气，便把他叫过来，说："卿有才思，请为我把这些字编成韵文如何？"

　　周兴嗣虽有文才，望着这一堆纸片也头大，奈何圣命难违，绞尽脑汁，整整一夜没睡，编好后于翌日上呈梁武帝，这就是今日所见的《千字文》。

梁武帝

梁武帝非常高兴，印制多册，分发给皇子们学习书法。《千字文》当时名为《次韵王羲之书千字》。

小知识◎历史上的梁武帝

梁武帝萧衍（464～549年），字叔达。南兰陵（今江苏省常州市）人。南梁政权的建立者，庙号高祖。萧衍在位时间达48年，在南朝的皇帝中列第一位。在位颇有政绩，但在位晚年爆发"侯景之乱"，都城陷落，被侯景囚禁，死于台城，享年86岁。梁武帝多才艺，文学、佛学、书法、围棋等方面的造诣都堪称方家，均有所成。他还是经学大师，撰有《周易讲疏》《春秋答问》《孔子正言》等200余卷，可惜大都没有流传下来。他把儒家的"礼"、道家的"无"和佛教的"因果报应"糅合在一起，创立了"三教同源说"，在中国古代思想史上占有极其重要的地位。梁武帝曾因信慕佛教而三次出家，著名的达摩祖师就是在此时来华，受到梁武帝的接见。

2.《千字文》的作者周兴嗣

周兴嗣是南朝时相当有名望的一名文士,文才出众。祖籍陈郡项县(今河南沈丘),其先人于西晋永嘉南渡时迁徙到江南姑孰(今安徽当涂)。13岁开始到齐的京师建康(今南京)游学,十几年后,精通了各种纪事文章的写法。游学时,他曾在姑苏(今江苏苏州)一家旅店住宿,夜里听见有人对他说:"你才学盖世,不久就会结识到尊贵的大臣,会被圣明的君主重用。"可是一直到声音消失,他也没能听出说话人在哪儿。

502年,梁武帝萧衍代齐建梁,周兴嗣上奏《休平赋》,文章非常优美,梁武帝非常喜欢,聘用他任"安成王国"侍郎,就在梁都的华林园当值。梁天监七年(508年),梁武帝将南京城内自己在三桥的旧居,改建为光宅寺,命周兴嗣与陆倕各写一篇寺碑碑文。碑文完成后,梁武帝只使用了周兴嗣的作品。自此以后,著名的《铜表铭》《栅塘碣》《北伐檄》以及《次韵王羲之书千字》等,梁武帝都只要周兴嗣一人去完成。每成一篇,都会受到梁武帝的称赞和财物赏赐。据说周兴嗣只用了一个晚上便编就了《千字文》，不过他也为之耗尽精力，须发皆白。

不久之后，周兴嗣任新安郡丞，任满后，重任员外散骑侍郎，协助编撰国史。天监十二年（513年），升任给事中，继续为梁武帝撰写文稿。周兴嗣的双手常年患有风疽（湿疹）病，升任"给事中"后，又染上了疠疾，这是一种不好医治的流行疫病，结果左眼失明。梁武帝萧衍抚摸着他的手，感叹地说："斯人也，而有斯疾也！"当场又亲笔抄写了一份专治风疽病的秘方，赐给周兴嗣。可见梁武帝对周兴嗣何等爱惜。与萧衍同为"竟陵八友"中人、时任萧衍记室（相当于秘书长）的任昉，也很喜爱周兴嗣的才华，经常对别人说："周兴嗣如果没病，十天内就能当上御史中丞。"梁普通二年（521年），周兴嗣病故。

小知识◎斯人也，而有斯疾也

> 《论语·雍也第六》记载："伯牛有疾，子问之，自牖执其手，曰：'亡之，命矣夫！斯人也，而有斯疾也！斯人也而有斯疾也！'"伯牛是孔子的弟子，姓冉，名耕，字伯牛。伯牛生有恶疾，无法治愈，不久之后就去世了。伯牛是位忠厚之人。孔门弟子三千，贤者七十二，而《论语·先进第十一》以颜渊、闵子骞、冉伯牛、仲弓四人为有德行，可见伯牛的德行是非常突出的。孔子对他染疾过早地去世而感到痛心，不由得连声感叹"命矣夫"，天妒英才要让他去了，人有什么办法呢？后世以"伯牛之疾"为不愈之症的婉称。

3.《千字文》与历代书法创作

《千字文》本是梁武帝慕王羲之的字而起,集成美妙的书法作品,而后世书法家必学王羲之,因而创作《千字文》书法作品的人就非常之多了。其中最著名的当数智永、怀素、宋徽宗、赵孟頫和文徵明。现在还有一项"千字文书法大赛"呢。这项比赛由安徽省马鞍山市政府举办,为了纪念《千字文》诞生1500周年。马鞍山市是《千字文》的故乡,据说,周兴嗣是在此地编成此文的。

智永和尚是隋代的书法家,人称永禅师,俗姓王,名法极,为王羲之七世孙。智永喜爱其祖王羲之的字到了痴迷的地步,并且一生只学王羲之的字,也不刻意去追求自己的风格,而以王羲之为准绳。他毕生都在摹写王羲之的《千字文》集字,据说写了800本之多。他自己也感到非常得意,从中选出写得好的分传给各大寺庙收藏。智永和尚的名气也非常之大,当时上门求字的人很多,以至于连他的门槛都踏破了,不得不用铁皮将门槛包起来。这就是书法史上"铁门限"的美谈。今传智永的《真草千字文》笔致端凝娴熟,得王字之体,不过

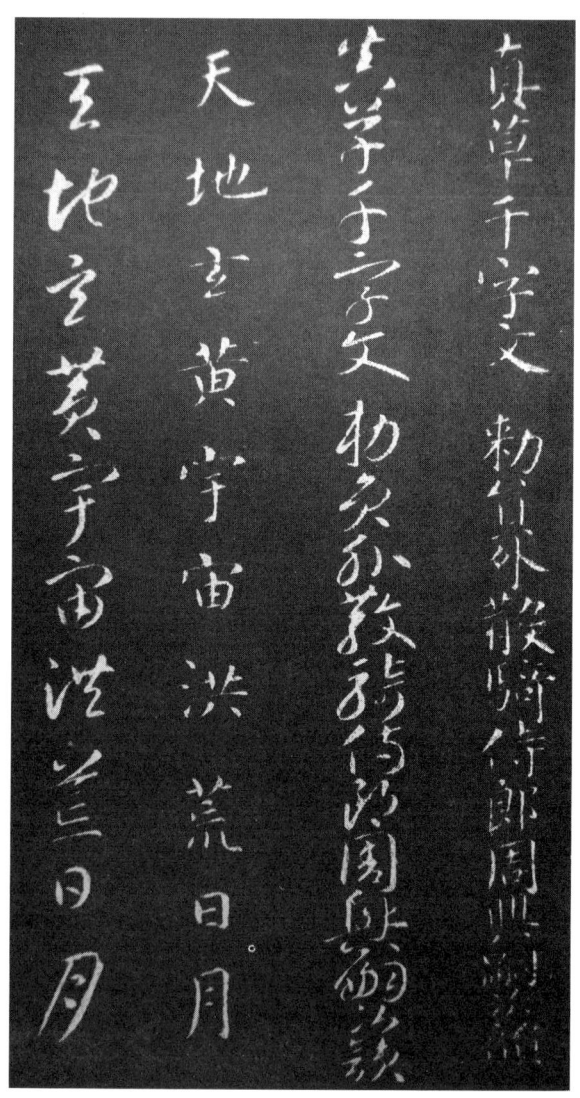

智永《真草千字文》

智永和尚专心研究王氏家传的书法，一心想把祖先传流的典范加以发扬光大，于是勤临《千字文》。因为他将《千字文》以真体、草两种书体并列来写，于是开了后世以不同的书体来写《千字文》的先例，到后来还有"篆、隶、真、草"四体《千字文》行世

也经常被批评未得王字之神,且无甚创新。

宋徽宗也仿智永写了真草两体的《千字文》。宋徽宗做皇帝实在让人不敢恭维,差劲得很,最后弄得家破国亡,客死北狄之手,实属耻辱。不过宋徽宗作为书画名家确实是非常专业的,而且成就之大,创造力之丰富,让绝大多数的艺术家望尘莫及。只能说宋徽宗跟南唐后主李煜一样,生错地方投错了胎,误做了皇帝。宋徽宗自创瘦金体,笔势劲逸,瘦硬清朗,如屈铁断金,而意度天成。他用瘦金体写的《千字文》正是这种风格的精品。

宋徽宗在当时流行的花鸟画的艺术创作中,无论是技法还是意境

宋徽宗所创的瘦金体
宋徽宗以瘦金体书写的《千字文》,线条细瘦挺拔,却于妩媚中显得刚劲有力

营造都远胜于前代。在位期间,他广泛搜集民间的古玩书画,聚集画家,扩充宫廷画院,主持编撰《宣和画谱》。他甚至还将书画列入科举制度,由他创立考试制度来测试画家。画家进入画院后,要进行系统的绘画训练和对儒家经典的学习,有时徽宗还亲自指导画家们作画。

文徵明是明代书法家,书、画、文俱工,皆有名作传世。他原名壁,字徵明,42岁起以字行。因先世为衡山人,故号衡山居士,世称"文衡山"。他是苏州人。人称江南多才子,果然是名不虚传,而尤以苏州盛产才子。其晚年声誉卓著,号称"文笔遍天下"。文徵明享年90岁,是"吴门四才子"中最长寿的一位,由此看来,书法使人长寿的说法并非杜撰。

《文徵明四体千字文》写于文徵明88岁高龄,着实让人非常之钦佩。明代诗文史学家王世贞在《艺苑言》上评论说:"待诏(文徵明)以小楷名海内,其所沾沾者隶耳,独篆不轻为人下,然亦自入能品。所书《千文》四体,楷法绝精工,有《黄庭》《遗教》笔意,行体苍润,可称玉版《圣教》,隶亦妙得《受禅》三昧,篆书斤斤阳冰门风,而楷有小法,可宝也。"

小知识◎靖康耻，犹未雪

北宋皇帝宋钦宗靖康二年（1127年）四月金军攻破东京（今河南开封），除了烧杀抢掠之外，更俘虏了宋徽宗、宋钦宗父子，以及大量赵氏皇族、后宫妃嫔与贵卿、朝臣等共3000余人北上金国，东京城中公私积蓄为之一空。史称靖康之耻。靖康之耻导致北宋的灭亡，亡国之耻深深地刺痛了宋人的心，南宋大将岳飞在《满江红》中提到："靖康耻，犹未雪，臣子恨，何时灭！"宋徽宗身为宋朝皇帝，却长年耽于他的艺术创作和生活享乐，而不顾国家日渐腐朽衰落，是需要为靖康之耻负责任的。

三 天地

天地对于我们中国人来说是再熟悉不过了,仿佛神明,天地的意义对于中国人来说是自明的,无须别的东西来说明。而对西方人来说,要理解天地就没那么容易了。即使是精通中文与中国社会历史的汉学家,知道天地在中国文化中的地位与意义,但也很难理解天地本身。这里,我们将沿着《千字文》的指引,走向古代的天地四时。

1. 天地起源的传说

《千字文》开篇写道:"天地玄黄,宇宙洪荒。"天地未分之初,都只是一团混沌之气,暗而无光。盘古开天辟地,将混沌一分为二,气之清而轻者上升为天,其浊而重者下凝为地。

"盘古开天"的传说最早见于三国时徐整著的《三五历纪》和《五运历年纪》。所谓三五,即是指上古时代的三皇五帝;所谓五运是指金、木、水、火、土五行之运。他在《五运历年纪》上说:

天地在未分之前,就像鸡蛋一样圆圆的一团乱搅在一起。盘古就在这里酝酿生长。18000年后,天地被盘古一分为二,阳气清就上升为天,阴气浊就下降为地。盘古立于天地之间,每天都变化九次,与天地相通。天每日升高一丈,地每日加厚一丈,盘古每天也长了一丈。这样又过了18000年,天变得极高了,地变得极深厚了,盘古也变得极长了。然后才产生了三皇。

盘古临死时,他嘴里呼出的气变成了风和雾;声音变成了天空的雷霆;左眼变成太阳,右眼变成月亮;头发变成星星;鲜血变成江河湖海,肌肉变成千里沃野;骨骼变成树木花草,筋脉变成了道路;齿变成石而精化为珠；汗水变成雨露。盘古倒下时，他的头化作了东岳泰山，他的脚化作了西岳华山，他的左臂化作南岳衡山，他的右臂化作北岳恒山，他的腹部化作了中岳嵩山；而其精魂也在他死后变成了人类。

当然，这只是一个古老的传说而已。在我国古代，严肃的书，诸如经书和正史，是不会这么写的。一般而言，儒家经典对天地的起源大都取存而不论的态度。盘古开天辟地的故事里，如果去掉盘古这个人物形象，那么就可以代表中国古代对天地起源的一般看法了。即天地源自于同一个混沌，而后判分为二，而后化生万物。例如《列子·天瑞篇》云："一者，形变之始也。清轻者为天，重浊者为地，冲和气者为人。故天地合精，万物化生。"从一分为二，再到化生万物，这与盘古的传说大致相同，只是没了盘古这个人了。至于盘古，那是民间传说加进去的；因为天地都还没有的时候，哪来的盘古呢？

八卦图
图中所列是八经卦，中间之圆代表阴阳二气相互包含、相互转化的关系。最外面是这八经卦的爻象。

我们都熟悉《周易》上的说法："太极生两仪，两仪生四象，四象生八卦，八卦定吉凶。"两仪者，天地也；四象者，春夏秋冬四时也；八卦者，天地雷风水火山泽之象，代表万物。至于太极是什么，这个就不必说而无法说了。

宋人周敦颐的《太极图说》对这一过程作了更细致的描写。周敦颐认为，由无极而生太极。太极动而生阳，动到了极致转而变静；静则生阴，静到了极致又变成动。一动一静，互为其根源。分生出阴阳两气，两仪就树立了。阳气产生变化，而阴气与阳气相合，这就产生了水火木金土这五气。五气顺势而流行，春夏秋冬这四时也相继运行开来。

五行本来是一个阴阳，阴阳本来都是一个太极，而太极本来就是无极。阴阳二气与五行精妙地结合，凝聚成形体。乾道转变成男性，坤道转变成女性。阴阳二气交互感应，化生出万物。这就是天地万物男女的由来。

古人认为天玄而地黄，天圆而地方，到底是什么意思呢？现代人往往将其归纳为陈陋而错误的比附，而置之不顾，这实在是浅陋的表现。玄和黄表天地之色。虽然我们现在认为玄和黄只是众多颜色中的其中两种而已，但对于古人来说，玄与黄绝不是普通的颜色。玄类似于青黑色，它的含义是指玄远、无穷、奥秘、神圣而崇高。所以人们也用玄字来表达极其微妙的东西，如《道德经》说的"玄之又玄，众妙之门"。天，看起来正是玄。黄，在青、黄、赤、白、黑五色中最为尊贵。因为黄乃五色之和，而万物以和为贵。黄在五行中指土，代表大地，意味着可以蕴生万物。所以黄之为色，即是高贵、中和，有养育众生之德。因此，黄是皇家专用的颜色。上古圣人，也是中华民族的始祖，之所以取名为黄帝，也缘于此。要把天玄地黄的含义说清楚，真是不容易。

至于天圆而地方，则有更抽象的意蕴。现代人认为天圆地方是古代自然科学不发达的表现，这也是以今人之浅陋妄自揣度古人的做法。古人的世界观与今人的确不同，但这不同的背后，还有更多的讲究。天圆，不只是天空看起是圆的，更是要表明天道是圆通的、圆融的，是周遍无所不包的。地方，不只是说大地像方块，更是说地道为方。方是有棱角的，意味刚正不阿，代表着法则、法度，这就是义。而人

兽面纹方座簋
西周早期青铜器,出土于陕西宝鸡。圆侈口,深腹微鼓,两耳有垂珥,高圈足有宽边,下连方座。这种上圆下方的造型象征着古人对天圆地方的认识

居天地之中,人之道上法天,下法地。因而人头顶天而圆,足履地而方,这表示人不仅有圆通、周全的智慧,也有刚正不阿的道义和法度。所以中国人于大道讲圆融会通,于人事讲礼仪节义。因此西方意义的宗教冲突在中国是没有的,但中国并不因此而堕落,而是自有人事上慎终追远和伦常彝秉的道理。

小知识◎杞人忧天

战国时的《列子》一书里讲了这样一个故事。夏朝后裔在周代被封为杞国。就有一个杞国人,非常担心天会掉下来,又担心地会崩塌,害怕自己无处藏身,为此而焦虑万分,吃不下饭也睡不好觉。他说:"如果天是气积聚而成的,日月星辰难道不会掉下来吗?"有人就开导他说:"日月星辰也不过是气中能发光的,即使掉下来了也不能伤人。"他又说:"可是地塌了怎么办?"那个人回答他说:"大地无处不是地,地下也还是地,地又怎么会塌呢?"杞人听了终于放下心来,不再担心天地会崩塌了。后人就以"杞人忧天"借指为不必要忧虑的事情而忧虑。

2. 宇宙

《千字文》说："宇宙洪荒。"我们现在使用的"宇宙"一词，是对西文 universe 的翻译。universe 本来是整体、全部，什么都包括在内的意思，近代以来自然科学兴起以后，就专门用作天文学意义上的宇宙了。而 universe 来自 cosmos。cosmos 一词在古希腊就有了，古希腊人用以指他们所知的世界，并且，他们认为宇宙是和谐的，cosmos 也有和谐、秩序的意思。cosmos 的意思与 chaos 相对，chaos 就是混乱、没有秩序是意思。对于古希腊人来说，宇宙本来是一团混乱的质料。后来有一个神，给这些混乱的质料规定了形式，赋予其目的和意识，就像泥土变成了陶瓷，木头变成了桌子一样，整个质料的世界也就有了秩序和意义。因此，chaos 就变成了 cosmos。而现代西方人认为的宇宙是 god（神）创造的，自然科学的研究当然认为宇宙有其自身的规律，跟任何宗教都没有什么关系。在宇宙起源上，现代科学比较流行的是"宇宙大爆炸"理论。"宇宙大爆炸"认为现在的宇宙最初源自于一个很小但密度非常大的物质，后来这个物质发生了爆炸，即向四周扩展开来，最终演化成我们现在所观测到的这样。

我们中国人对宇宙有自己的理解。古人云，四方上下谓之宇，古今往来谓之宙。宇是指空间的无限，而宙是指时间的无限，因此宇宙合称是对天地四极与古往今来的最大称呼。至于宇宙是怎么来的，古人存而不论。《千字文》承"天地玄黄"之后，是"宇宙洪荒"。接下来是："日月盈昃，辰宿列张。"宇宙产生之后，日出日落，月圆月缺；天上的星星也依次排序，列于夜空。洪荒是指远古时代的混沌、蒙昧的未开发状态。古人认为，宇宙之起始乃是洪荒。为什么叫洪荒呢？洪是洪水，荒是莽原之象。上古时代的书里经常提到远古时代的大洪水。可能那个时代生产力不甚发达，人们居住简陋，洪水猛兽对人们的生活造成很大威胁，所以对洪水和来自莽荒的野兽印象深刻。洪荒之世尚是愚昧，有圣人作，而后有文明。

　　所以，对于《千字文》来说，宇宙怎么来的不重要，重要的是，宇宙本是洪荒，而文明是怎么来的，且待下文分解。

3．四时

上文讲到我们对天地与宇宙的认识，《千字文》接着说："寒来暑往，秋收冬藏。"至少在三皇五帝之时，我们的祖先就意识到春夏秋冬四个季节往复循环的规律，并根据不同时节的特点制定了不同的作息制度。春天是一年的开始，五行属木，东方。春天万物生长，因此人们在春天播种，鸟兽在春天繁殖。养生重在护肝，宜读诗。

夏属火，南方，草木的生长达到极盛。养生重在心，宜读史。

秋天是收获的季节，五行属金，西方。草木开始凋落，养生重在肺，宜读诸子。

冬天阴阳皆闭，是收藏的季节，五行属水，北方。养生重在养肾，宜读经。而我们现在，尤其是年轻人，很少讲究这些了，仿佛春夏秋冬都只是同质的时间流逝而已。其实，什么叫作文明？文明的重要标志就是生活方式的考究与合理。古人非常看重人与自然的合一，以时节制作息饮食，等等。就这方面来说，古人是文明的，而我们现在的不讲究是不文明的。

在古代，人们对自然界的改造不像现在这么剧烈。那时虽然也有规模很大的都市了,不过绝大多数人还生活在田园、山林、江湖,以农、林、渔、牧为业。季节的变幻,伴随着花开花谢,树叶枯黄,宿鸟南迁和冬雪的降临。二十四节气即反映了中国人对时令变迁的描绘。

春天阳气复苏,万物生机勃发,草木生长,而鸟兽也开始繁殖。在古代,春天来了,天子于良辰吉日向上天为天下百姓祈福。然后率诸侯、百官,亲操农具下田耕作,以劝勉天下百姓该种庄稼了。帝藉就是指天子公家的田。

在初春的这个月,天上的阳气来了,地上的阴气也上升了,于是阴阳二气相结合,所以草木萌动,万物也生长了。天子在这时向天下劝勉农事。

在春季的时候,要禁止伐木;不准去掏鸟巢,因为小鸟儿正要长大;不准杀小虫子,不准杀动物的胎儿,不准杀小动物,不准杀飞鸟,不准杀小鹿,不准吃动物的卵。天地以生物为心,生物是生长万物的意

天子躬耕图
这是清代的《雍正耕织图册》。春耕时节,天子亲卜农田,劝民耕作。此图笔调清丽,是古代宫廷艺术的瑰宝

思，所以在春天要让万物都生长，不得有残杀之意。政府也不要动累百姓，因为百姓都要忙于春耕，所以春天不能大兴土木修城郭。

在春天不能兴兵打仗，如果谁胆敢在春天发动战争，上天就降灾祸惩罚他。因为战争是杀伐，会伤害春天的生机。所以，哪怕是天子，也要顺从上天好生之德，要根据天意来治理天下，当然也不能乱了人的伦常。

《千字文》接着写道："云腾致雨，露结为霜。"云雾腾起，凝结成雨；而寒露在草地上，冻结成霜。

"海咸河淡，鳞潜羽翔。"广阔的大海，水是咸的，以及河湖淡水，有鱼儿在里面游泳；天上长着羽毛的鸟儿在飞翔。

当我们这样去读《礼记》之《月令》篇的时候，我们就能感受到古人对天地的热爱和尊敬，也能感受到古人因时而生活的良善。不只是对春天作了这些规定，夏天、秋天、冬天也有相对应的规定和意义。比如夏天的时候万物都生长茂盛，也还不能打猎，天子要令百官理政事，等等。到秋天了，万物由盛转衰，果实也都成熟了，这时应该收获粮食。秋天万物肃杀，政府也要开始惩罚罪犯，治理刑狱。到了冬天，天地皆避，粮食也都收藏好了，这时应该去打猎了。庄稼和猎物都准备好了之后，就可以祭祀天地和祖先。这是冬天要做的事情。

小知识◎二十四节气

　　古人很早以前就通晓一年四季的气候变化，早在四千多年前的尧舜之时就以阳影的角度测出春至、夏至、秋至和冬至，因此而定农时。到春秋战国时已细分为二十四节气了。这二十四节气分别是：立春、雨水、惊蛰、春分、清明、谷雨、立夏、小满、芒种、夏至、小暑、大暑、立秋、处暑、白露、秋分、寒露、霜降、立冬、小雪、大雪、冬至、小寒、大寒。每个节气约间隔半个月的时间，分列在12个月里面。我国的农历是阴历，以月象定正朔，而二十节气以日影角度测定，属阳历，因而与现在国际通用的西历（也就是公历）相合。如立春就是每年的公历2月4日或5日，其余的节气隔半个月类推。

四 人皇

先有天地，而后有万物，有万物而后才有人类的出现。有圣人出，而后才有灿烂的人类文明。他们即是远古的人皇。

1. 三皇

远古洪荒，而后有圣人出，制作器物屋宇，使民安居乐业。《千字文》云："龙师火帝，鸟官人皇。始制文字，乃服衣裳。"

《礼记·礼运》上记载了圣人之前的远古时代，人们是怎么生活的。上面写道："昔者先王未有宫室，冬则居营窟，夏则居橧巢。未有火化，食草木之实、鸟兽之肉，饮其血，茹其毛。未有麻丝，衣其羽皮。"按照现代人的说法，这大概还处在原始社会吧。《礼记》继续写道："后圣有作，然后修火之利，范金合土以为台榭宫室牖户，以炮，以燔，以烹，以炙，以为醴酪，治其麻丝，以为布帛，以养生送死，以事鬼神上帝，皆从其朔。"因圣人之创造，人类就摆脱了原始社会的质朴状态，而走进了文明。

三皇包括天皇、人皇、地皇。三皇指的究竟是哪三人有不同的说法。《风俗通义》一书以燧人为天皇，伏羲为人皇，神农为地皇。《尚书大传》上也说："燧人为燧皇，伏羲为戏皇，神农为农皇也。燧人以火纪，阳也；阳尊，故托燧皇于天。伏羲以人事纪，故托羲皇于人。盖天非人不因，人非天不成也。神农悉地力植谷，故托农皇于地。天

春秋时期的楚国琴瑟（残片）
表现的是一位巫师持蛇作法的场景

地人之道备而三五之运兴矣。"也有古书认为伏羲、女娲、神农为三皇。燧人氏钻木取火，使远古先民摆脱了茹毛饮血的状态，吃上了熟食，并能以火取暖，驱退猛兽。而伏羲"仰则观象于天，俯则观法于地；观鸟兽之文，与地之宜；近取诸身，远取诸物；于是始作八卦，以通神明之德，以类万物之情"（《易经·系辞传》）。神农氏是农业与医药的发明者，他遍尝百草，挑选辨别食物、药物。

《千字文》之谓"龙师火帝"，这个"龙师"是指伏羲。伏羲又称宓羲、庖牺、包牺、牺皇、皇羲、太昊等，名字很多，所指则一。《史记》里是写作伏牺，从字面上看，是降服野兽的意思。伏羲姓风，传说为华胥氏之子，少典之父，炎（帝）黄（帝）之祖。华夏太古三皇之一，与女娲同被尊为人类始祖。在中国神话传说中，与女娲一样，龙身人首，又以龙为百官命名，比如青龙官、赤龙官、飞龙官，等等，因此把伏羲叫作龙师。

伏羲是中华文明进程中第一位重要人物。晋代皇甫谧所著的《帝王世纪》，是一部专述帝王世系、年代及事迹的史书。上面讲三皇首列伏羲，言伏羲功业："继天而王、作八卦、造书契、作瑟三十六弦、制嫁娶之礼、取牺牲以供庖厨。"伏羲又教人们用兽皮缝制衣服，抵御寒冷，结网打鱼，投矛狩猎。《易传》里说："古者包羲氏之王天下也，仰则观象于天，俯则观法于地，观鸟兽之文，与地之宜，近取诸身，远取诸物，于是始作八卦，以通神明之德，以类万物之情。作结绳而为网罟，以佃以渔，盖取诸离。"传说伏羲还制作了琴瑟，从此人间开始有了丝竹之悦耳。

"火帝"乃是燧人氏。在原始社会之初，人们还不知道生火，所以只能茹毛饮血吃生食，取暖也只靠羽毛兽皮之类。燧人氏的钻木取火，教会人们使用火种，从此人们不仅吃上了熟食，也能生火取暖、驱赶猛兽，人们得以安居乐业。在东西方，人们通常都把火看作是文明的象征。比如古希腊神话里的普罗米修斯从天上盗来火种，从而为人间带来光明。而我们东方，文明的起源是与神无关的，是我们人类自己创造了文明。比如，火就不是从天上的神那里偷来的，而是人类自己发明、掌握了火的使用。

鸟官少昊
少昊,相传为黄帝之子,是远古时羲和部落的后裔,华夏部落联盟的首领,同时也是东夷族的首领。中国五帝之一,中国嬴姓及其秦、徐、黄、江、李等数百个姓氏的始祖

"鸟官人皇"中的"鸟官"是指少昊氏。少昊又作少暤,是黄帝之子,传说他通达了太昊伏羲的本领,所以称少昊。少昊以各种鸟来命名官职,故称鸟官。想必这也是很有趣的事情。《左传》昭公十七年记载郯子追述少昊说:"我高祖少暤挚之立也,凤鸟适至,故纪于鸟,为鸟师而鸟名。凤鸟氏,历正也;玄鸟氏,司分者也;伯赵氏,司至者也;青鸟氏,司启者也;丹鸟氏,司闭者也;祝鸠氏,司徒也;䲳鸠氏,司马也;鸤鸠氏,司空也;爽鸠氏,司寇也;鹘鸠氏,司事也。五鸠,鸠民者也。"

小知识◎普罗米修斯盗火

　　在古希腊神话里，地球上本没有火种，那时人类的生活非常困苦，因为众神之王宙斯拒绝把火种给人类。普罗米修斯为了给人类造福，就冒着生命危险，从太阳神阿波罗那里偷走了一个火种。主神宙斯站在奥林匹斯圣山上，发现人间烟火袅袅，立刻追查是谁盗走了天火。当他得知是普罗米修斯触犯了天规，便大发雷霆，让火神惩罚他。火神不敢违背宙斯的命令，只好把普罗米修斯带到高加索山，用一条铁链把他缚在一个陡峭的悬崖上，让他永远不能入睡，疲惫的双膝也不能弯曲。宙斯还派了一只凶恶的鹫鹰，每天去啄食普罗米修斯的肝脏。可是，每当鹫鹰啄食以后，普罗米修斯的肝脏又会奇迹般地复原。普罗米修斯忍受着巨大的痛苦，但他不后悔，也不屈服，情愿为人类而受苦。后来，赫拉克勒斯把那只残忍的恶鹰一箭射落，解放了普罗米修斯，带他离开了山崖。

2. 五帝

《千字文》云："始制文字，乃服衣裳。"这是三皇以后，五帝兴起之时的事了。司马迁的《史记》以黄帝、颛顼、帝喾、尧、舜为五帝。五帝之时，文明渐兴，圣王相递而治，垂拱平章，禅让传贤，天下太平。

《史记》是从《五帝本纪》开始纪事的。可能司马迁觉得，以前伏羲神农之类的圣人都只是传说，而没有确切的根据；从黄帝开始的五帝时代确是有史册记载的历史了。《五帝本纪》开篇就说："黄帝者，少典之子，姓公孙，名曰轩辕。生而神灵，弱而能言，幼而徇齐，长而敦敏，成而聪明。"黄帝这个人了不得，其神灵聪明非同小可，所以他一生为人类创制了很多东西，是中华人文之始祖也。

黄帝的成就数不胜数。他创制了历数、天文、阴阳五行、十二生肖、甲子纪年、文字、图画、音律；并制作礼仪，敦化风俗，如祭祀、婚丧之礼仪与器具。他创制了宫室、衣裳、车船，开始使用货币，等等。尧、舜及夏商周等先王皆为黄帝后人，而中国百姓又出自尧舜夏商周各支，所以黄帝乃中华民族之始祖也。

不只是儒家经典推崇黄帝，在道家经典中，黄帝也是一位得道高人。尤其是《庄子》里面就讲得很有意思。《庄子·知北游》云："知北游于玄水之上，登隐弅之丘，而适遭无为谓焉。"知北访仙求道，他知道无为谓是一位高人，就问了他三个问题："何思何虑则知道？何处何服则安道？何从何道则得道？"无为谓没有回答。又遇见狂屈，同样也问了这三个问题，狂屈也没有回答。最后他回到帝宫来问黄帝，这是怎么回事。黄帝说："无

轩辕黄帝
黄帝是华夏始祖之一、人文初祖，与炎帝并称为中华民族的始祖，中国远古时期部落联盟首领。黄帝为五帝之首

思无虑始知道，无处无服始安道，无从无道始得道。"意思是说，无思无虑，这样才知道；处于无处之虚空，什么也不干，这样才安于道；无所适从，也无所谓道，这样才能得道。知北问黄帝曰："那现在我们知道这个道理了，而他们还不知道，是这样吗？"黄帝就说："他们才真的得道了，什么都不必说，而我们这样说出来的，才不知道呢。因为知者不言，言者不知，所以圣人行不言之教。"

《千字文》云："推位让国，有虞陶唐。"这说的就是五帝中的尧与舜。尧称陶唐氏而舜称有虞氏。本来尧在前舜在后，文中先说有虞、后说陶唐是为了压韵。尧见舜有贤德，而将帝位让与他，而没有传给自己的儿子丹朱，这就是禅让。同样，舜见禹有贤德而将帝位禅让给了他。禹没有这样做，而是将帝位传给了自己的儿子启，从而开始了家天下的传统。

相传，尧为了选举人才，微服访于民间。有一位老人含着食，鼓

尧

尧是我国上古时候的圣王，五帝之一。为帝喾次子，初封于陶，又封于唐，故有天下之号为陶唐氏

舜

舜也是上古时候的圣王，五帝之一。舜以受尧的"禅让"而称帝于天下，其国号为"有虞"，故号为"有虞氏"

着腹，敲着土地唱道："日出而作，日入而息，凿井而饮，耕田而食，帝力于我何有哉。"这首古诗称作《击壤歌》，表达了尧舜之时，河清海晏，天下太平。老百姓都过着快乐而自然的生活，日出而作，日落而息，根本不需要政府来管理什么。这也许是管理天下的最高境界了。

尧舜之时，天下大治，孔子盛赞为"大同之世"。大道的流行，是以天下为世人所共有。选举贤能之人共同治理，大家讲信用，和睦相处，彼此合作，所以人们不只是亲爱自己的父母，不只是施慈于自己的儿女，更能推延仁爱，使所有老人都得以安享天年，壮年人都能贡献才力，儿童都能得到良好的教育，健康成长；鳏寡孤独以及残废患病的人都能得到丰厚的供养；男的各尽其职务，女的各有其家庭。货物资源都厌恶丢弃到地上浪费掉，但也不可放到自己家里私用。因此，人人都能以诚相待，和睦相处，故不会有阴谋诡计发生，也没有劫夺偷窃的事情出现。路不拾遗，夜不闭户，这样美好的世界就算是真正的大同世界了。

大同是儒家治世的至高理想，近代康有为作《大同书》，也是在继续追求这个美好的理想。在这大同之世，伟大的"道"行于人间，此时天下为公，即是天下人皆思公义，而羞于谋一己之私利。选拔人才必求贤能，有德者才能居有官位，居有官位者必有贤德，所以才能政令通畅，取信于国，上下和睦，而无悖谬。人们也不只是亲爱自己的亲人，而将这种亲爱之情施之于别人；不独独爱自己的儿女，而也将这种爱施之于别的孩子。这大同之世，老人都得到尊敬和照顾，使老有所终，正当年的人都有合适的职业贡献他的才能，年少的人都得到很好的抚养和教育；丧失配偶的人和孤儿，以及残疾人，患病的人，都能得到照顾；使男人皆有职分，女人都有好的归宿。人们都惜用财物，相互帮助，而不只是为己所用。所以在大同之世，盗窃作乱这种事是没有的，道不拾遗，夜不闭户。

古希腊柏拉图的名著《理想国》里，也构想了一个理想之城邦。在这个城邦里，正义得到最彻底的实现。也为了实现这正义，《理想国》重新构建了一套制度。理想国里的社会有三等，最高的统治者是最智慧的哲人王，然后是武士阶层守护国家、维持秩序和抵御外敌入侵，最下层的是工匠和普通民众。这三个阶层分别象征着灵魂中理性、激情和欲望三个部分。哲人工具有最完善的理性，所以有资格统治城邦；而武士最具有意志，代表着勇敢，所以能保卫城邦；工匠和民众则追求欲望的满足，需要哲人王来指引方向。并且为了防止武士的私欲干扰他们的美德和职责，在《理想国》里，武士阶层不能有家庭生活，也不能知道自己的孩子是谁，也不能有属于自己的财产，否则这样的私人利益与私人感情都会影响他们公正的品格。所以要施行共产共妻的制度。

我们中国人来读《理想国》，是觉得很奇怪的。我们甚至倾向于将其理解为反讽。因为通过共产共妻的制度安排来培养公正的美德这不是太荒谬了吗？也有敌人前来侵略，所以城邦需要培养其勇敢的德性来保卫城邦；民众只为欲望所引导，所以需要理性的统治。难怪波普尔在《开放社会及其敌人》一书里批判其为"封闭社会"。而儒家提出的大同之世，并不靠政治制度的强制力来逼迫人们不要私欲，而是建立在民风淳朴、人性良善的基础之上的。如果哲人王只靠政治权力来强迫人们放弃私产，不要家庭，势必会引起民众的怨恨，推翻这压迫性的统治，而不会老老实实地顺从。所以儒家要追求大同之世，从来不幻想设计什么完美的制度来抑止私欲和罪恶，而首先是想要教化百姓，使人们通过读书识理、改过迁善，而后从小人变为君子。夫如是，才能设想大同之世，否则一切只是幻想罢了。

在大同之世，是没有武力存在的，因为人们根本不会想到去抢夺什么；大同之世也不需要高压的政治权力，因为人们心地善良，求道而不求欲，自己能够过良善的生活，不需要管束，也不需要逼迫。因此，"理想国"只有人性善得到自然的舒张，整个社会好学求善，民风和善淳朴，这样才叫作大同。用政治与法律等手段建立起来的秩序只能叫统治，而不能叫大同。

3. 三代之王

夏商周三代，中国文化已然大兴，璀璨浩荡，蔚为大观。《千字文》对此赞扬说："吊民伐罪，周发殷汤；坐朝问道，垂拱平章。"禹、汤、文王、武王、周公，都是中国文化史上的圣人。他们开创一代文明，治平天下。周公更是制作了周礼，传习至今，数千载而不绝。连孔子也赞叹道："郁郁乎文哉，吾从周。"

禹是三代第一位被称颂的圣王。那时天下遭受大洪水，先是禹的父亲鲧受舜之命去治理洪水，但没有成功。鲧用"水来土挡"的办法，但挡来挡去，洪水依然滔天。过了9年洪水还没有消退，黎民百姓依然生活在水深火热之中。舜发怒了，于是处死了鲧，改派鲧的儿子禹去治水。这回禹吸取了他父亲的教训，改用疏通的办法，开挖渠道将洪水引至大海。风雨无阻13年，禹三过家门而不入，兢兢业业地劳作，终于将洪水导入大海。《庄子·天下篇》中说道："昔禹之堙洪水，决江河而通四夷九州也。名山三百，支川三千，小者无数。禹亲自操橐耜而九杂天下之川。腓无胈，胫无毛，沐甚雨，栉疾风，置万国。禹大圣也，而形劳天下也如此。"表彰大禹治水的劳苦功高。

手持治水工具的禹
禹是受禅让的最后一位圣王,也是夏朝第一位国君

从禹开始的夏朝传了十四世传到桀。桀是中国历史上有名的暴虐、荒淫的国君。他骄奢淫逸,动用大量人力、物力、财力去建造寝宫、瑶台,又从各地搜罗美女充填后宫。

桀在征伐有施氏时得了美女妹喜,回国后,昼夜与妹喜及宫女饮酒作乐。于是四方诸侯纷纷背叛,夏桀的处境十分孤立。这时商汤应时而作,兴兵伐桀,解救了天下苍生。汤也是一位圣王,他打猎的时候都网开三面,不忍杀伤。汤任用贤能,诛灭无道,建立商朝。

商汤是古代著名的圣王。历代先儒对他的评价都很高,让人尤为称道的是,他虽居王位但能礼贤下士。他发现伊尹有贤才,便拜他为相,对他十分尊敬。商汤和伊尹是中国古代君臣关系的典范。

历史总是惊人地相似。商朝传了十七世至帝辛,即商纣王,也是无道昏君,比夏桀有过之而无不及。

这时西方有圣王曰文武,即周文王和周武王,逐渐地兴盛壮大。商纣王时,因为周文王极有贤德,使得四方诸侯都来归顺他,商纣王为之感到不安,便将他囚禁在羑里这个地方。文王虽处囹圄而安然自若,据说他在这里推天理以明人事,将伏羲八卦推演为八八六十四卦,因此《易经》也被称作《周易》。商纣王杀害了周文王的长子,将周文王放了出来。周文王回到周国,礼贤下士,重用姜子牙,使周更加强盛。到周武王时,终于一举诛灭了暴君商纣王,这就是历史上有名的武王伐纣。

夏商周三代之时，于尧舜之世在道德上有所不及，仅为小康。但三代制作礼仪文章，传于后世，功德亦可称圣王也哉。

《千字文》上对此称颂道："爱育黎首，臣伏戎羌。遐迩一体，率宾归王。"黎首即百姓，意思是说，在圣王的治理下，爱民而育之，戎羌这些夷狄也都臣服了，天下远近都合为一体，归心于天王。

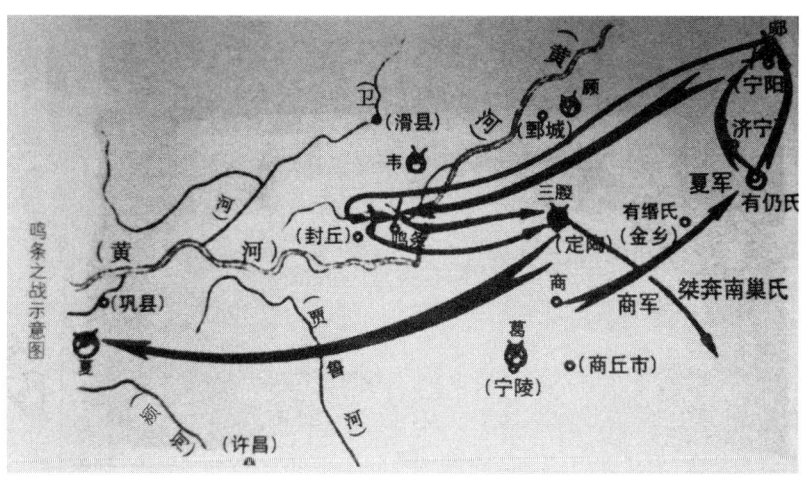

鸣条之战形势图

夏朝末期（约前1600年），在商灭夏的战争中，商汤率领商部落士兵与夏军在鸣条（今山西运城夏县之西，一说在河南封丘东）进行了一场决战。商汤联合各国军队，采取战略大迂回，绕道至夏都以西突袭夏都，取得胜利

小知识◎《封神演义》

　　《封神演义》是明代创作的一部历史神话小说,在民间广为传播,俗称《封神榜》。作者是谁众说纷纭,恐不可考。《封神演义》以商朝灭亡和周朝兴起为历史背景,到周武王姬发分封列国诸侯结束,而展开阐教与截教两大神仙体系之间的正邪斗争。里面创造了许多民间广为传诵的经典故事,如哪吒闹海、姜子牙下山、文王访贤、三抢封神榜,等等。在《封神演义》的世界中,世界分成为仙山洞府和三界。仙山洞府是由仙道组成的昆仑山"阐教"和海外仙士、方外术士或得道禽兽组成的"截教"。三界是由玉皇大帝统治的天庭和商(殷朝)的纣王统治的人间和女娲统治的妖界。《封神演义》以阐教为正而以截教为邪,阐教帮助周朝而截教帮助商纣王,最后以阐教正义的胜利而告终。

五 伦常

《千字文》不只是开篇阐释了天地之大，接下来更是提出了人伦之大。中国人之所以是中国人，不是因为黄皮肤黑头发，而是忠孝仁义这些品质。千百年来，这些人伦规范构成了中国人之为中国人最为核心的东西。《千字文》说"盖此身发，四大五常；恭惟鞠养，岂敢毁伤。"我们的身乃父母所生，不可伤害，而使亲忧，而应守五常之伦。夫妇恩，父子亲，君臣义，兄弟情，朋友信，人伦之大端也。

1. 男女夫妇

《礼记·昏义第四十四》云:"男女有别,而后夫妇有义;夫妇有义,而后父子有亲;父子有亲,而后君臣有正。"男女是人伦之始,儒家非常重视男女之情对于民众教化的意义。

《千字文》上说,"女慕贞洁,男效才良"。男女角色定位不同,男以才良为德,而女性之德注重贞洁。结婚之后,"上和下睦,夫唱妇随",举案齐眉,故能夫妻和睦,琴瑟谐鸣。夫妻相亲相敬,对子女的成长就具有效好的教育效果,也能使子女以后为人平和大方,温柔谦让。如果夫妻不睦,也影响到子女性情的养成。中国传统文化非常重视父母身教,讲究夫妇正,而后父子亲。若夫妇不正,势必影响到两代之间的感情。

在古代,需要父母之命、媒妁之言才能成婚,男女不得私定终身。更何况,那时候男女是不得私下交往的,若交往得有媒介。在《仪礼·士相见礼》中,男子与男子之间交朋友,也需要第三者介绍呢。

也许现代人觉得,这么多规矩和约束,没有自由,人多不自在呀。不过古代人讲礼数也自有讲礼数的好处。比如,现代人自由恋爱,似乎是可以让大家自由地去寻找各自的幸福,这难道不是美事吗?可是,话虽如此,在现实中,年轻人就因此而过得幸福吗?恐怕未必。首先是自由交往带来的信义的沦丧。恋爱的时候山盟海誓,而感情的事说变就变,更有此山望着那山高,因种种原因而背叛、分手也在所不惜的。随之而来的就是在自由的空气中,人们对感情有多重视呢?比大学毕业找一份工作更重要吗?比金钱更重要吗?更有甚者,男女青年都是私下交往,有的人并不是一心一意跟一个往来,而是同时跟多个人保持暧昧的关系,这就是所谓的备胎,还有比这更无忠信廉耻的吗?而古代非常讲究男女交往得有介绍人,这就避免了肆意妄为,而让无信之举人所共睹。郑玄在注《仪礼》时说:"婚必由媒交接设绍介,皆所以养廉耻。"讲的就是这个道理。

根据《仪礼·士昏礼》,整个结婚的礼节应该是这样的:首先是下达、纳采。男方相中了某女,使媒人去说媒,先通其言,是谓下达。女方如果答应了,男方就使人带上礼物去求婚,是谓纳采。并且,凡是说带"纳"字的礼节,都是请纳之的意思,表示男方的心意,女方在此过程中都可以不纳,中止婚姻。然后是问名,问名包括问嫡庶、生辰、健康等多方面的情况。然后是纳吉,就是卜吉合八字,并带上礼物将此吉讯告知女方。这样婚姻大事就大致定下来了。然后是纳徵,即送去币帛之礼物,如果女方接受了,婚姻之事就最终确立,不得再反悔了。然后是请期,即是请人测定良辰吉日后,将结婚日期告知女方,如果女方无异议,则到了那天新郎就可以上门迎亲了,这就是亲迎。最后在傍晚时分拜堂成亲。而现代社会往往将其简化很多,不过在一些讲究礼节的农村,也依然在坚持传统的礼节。

古人云,"教妇初来,教儿婴孩",成婚之后,虽是一家人,也得有礼才能使家庭和睦。而对于夫妻来说,最重要的是要做到虽亲近而不失尊敬。春秋时，晋国大臣郤芮因罪被杀，儿子郤缺也因此而被免为庶人，耕田务农为生。郤缺并没有因为生活环境和个人际遇的巨大变化而怨天尤人，而是一面勤恳耕作以谋生，一面以古今圣贤为师刻苦修身，德行与日俱增。妻子对他十分敬重，郤缺也十分敬重妻子。也许有人说这没什么，然而对于他们家庭由富而贫，仍能做到这一点，实是不简单的。这就是"相敬如宾"这个成语的来源。如今的夫妻，往往过于亲昵而流于随便，忘了相互尊敬的礼节，这也是过犹不及的。

汉宣帝时有个张敞，官居京兆尹，相当于北京市市长，是相当大的官了。汉宣帝听说他亲自给妻子画眉，可能觉得这丢了为夫的礼数，居然为妻子干这种事，遂问他有没有这回事。结果张敞回答道："臣闻闺房之内，夫妇之私，有过于画眉者。"意思是说闺房之内还有比画眉更甚的呢，宣帝听了也无话可说。所人遂以画眉来表示琴瑟和谐、夫妻情深。唐朝朱庆余《近侍上张水部》诗云"妆罢低头问夫婿，画眉深浅入时无"，生动地再现了伉俪情深。

当然，也并不是古代的夫妻都是恩爱非常、相敬如宾的。做丈夫的也多有见异思迁、喜新厌旧的，而做妻子的也有不敬夫君的。"覆水难收"这个成语说的就是夫妻情分已尽，再无回头的可能了。朱买臣是汉武帝时期非常著名的大臣，会稽人，学问很好，官也做得大。但他出身贫寒，家境甚微，一边读书，一边以砍柴为生。据说他每日砍柴，置书树下而读。负薪回家时，就将书置于担头，边走边读。这就是"负薪读书"的故事。他的妻子崔氏一开始也负薪相从，跟他一起去砍柴，但日久月长，过不惯这贫寒的生活，就逐渐地瞧不起朱买臣了。

《汉书》中有《朱买臣传》说，朱买臣在砍柴回来的路上吟诵读过的书，他的妻子觉得很羞愧，就不让他吟诵，而朱买臣却并不觉得这是什么羞愧的事情。最终他的妻子忍受不了而要求离婚，朱买臣就跟她说，我五十当有富贵，现已四十多，离好日子不远了。等我得富贵后就会好好报答你。结果他妻子说像你这样的人饿都饿死了，哪来的富贵。朱买臣无奈，只好让她走了。崔氏又和一个种田的人结了婚。崔氏婚后见朱买臣没吃的，和夫家也常常接济他。

后来朱买臣果真以才学得居高官，要回乡做会稽的太守。会稽的

张敞画眉
出自明刻本《养蒙图说》，描绘京兆尹张敞宠爱夫人，每天散朝回家都为夫人画眉。"张敞画眉"成为夫妻恩爱的一个典故。

地方官为迎接太守，就发动百姓修路迎接，崔氏夫妇也在其中。朱买臣看到前妻，就将他们夫妇带回官邸，好生供养，让他们在园中居住生活，以报当年接济之恩。而崔氏感到很羞愧，这样过了一个月就上吊自杀了。朱买臣给她丈夫钱，让他好好安葬崔氏。

  故事原本是这样的，后世将其改编成剧本做了很多演绎。比如朱买臣回来做太守的时候，崔氏拦在马前，要与他和好，而朱买臣将一碗水泼在地上，表示覆水难收了，而后崔氏羞愧自杀。这样的演绎是对朱买臣和崔氏的侮辱。崔氏本也是善良的人，只是跟朱买臣过不了清贫的生活，而与之离婚，并在再婚后也时时接济前夫。她在朱买臣要报她的恩时羞愧而自杀。这样一位善良而有自尊心的女子，还会在前夫富贵之后乞求与他和好吗？再说朱买臣始终并无埋怨前妻之意。当崔氏求去之时，朱买臣的内心是很难过的，但他却"笑曰"如何如何，可见朱买臣是只想对崔氏好的。假若崔氏来求和好，朱买臣会泼一碗水当众羞辱她吗？不会的。这样做就不是朱买臣了，《汉书》也不会为他立传。崔氏的后夫虽然着墨很少，但其实品格也很可贵。崔氏要接济前夫，他不仅没有阻拦，还和她一起这样做，这样的胸怀在现代也是少有的。

2. 父子君臣

《千字文》说:"资父事君,曰严与敬;孝当竭力,忠则尽命。"在中国传统文化中,最亲莫过于父子,最重莫过于君臣,而君臣之义又比附于父子,也就是说,臣对君要尽的义务犹如子对父要尽的义务。这体现了儒家以孝亲为根本的治世理念,和君臣以义合的观念。

若父与君相矛盾时,从父还是从君呢?这看起来是个问题,但其实在儒家这里,并不构成一个问题。因为"父父、子子,君君、臣臣",如若父不父,从某种意义上而言,子依然是子;如若君不君,则臣是可以不臣的。《春秋》及其《公羊》与《左氏》二传里关于伍子胥的评述,典型地反映了中国传统对父子君臣关系的理解。

伍子胥名员,字子胥,是春秋后期的楚国人,与其父伍奢、兄伍尚父子三人皆有贤名。周景王二十三年,即公元前522年,楚平王怀疑太子"外交诸侯,将入为乱",迁怒于太子太傅伍奢,将伍子胥的父、兄骗到郢都杀害,伍子胥逃往他国。当时吴楚两国相争,伍子胥历尽千辛万苦,终于为吴王阖庐重用,赢得了为父兄报仇的机会。伍子胥率兵攻入楚国的都城郢,但这时候楚平王已经去世了,继位的楚昭王也已经逃走了。

《史记》上说:"伍子胥于是就掘了楚平王之墓,把尸体挖出来,鞭了三百下,伍子胥这才停下来。"《公羊传》拟问说:"不是说事君如事父吗?为什么还可以向国君复仇呢?"回答是:"如果父亲罪不该诛而被杀了,儿子是可以复仇的(不管复仇的对象是不是国君)。如果父亲罪该诛,则不能复仇。如果这样也复仇的话,冤冤相报就没完没了了。"这就是《公羊传》讲的春秋义理——"大复仇"。"大"是表彰,推崇的意思。

而《春秋左氏传》(即《左传》)在讲到这一节的时候,提到郧国国君与楚平王之间的仇恨。郧是楚的附属国。鲁昭公十四年,楚平王杀害了郧公斗成然。斗成然有两个儿子斗辛和斗怀。后来楚平王的儿子楚昭王被吴国打败之后,逃到了郧。《左传》说到,郧公辛的弟弟怀想将楚昭王杀了,对他哥哥说:"楚平王杀了我们的父亲,现在我要杀掉他的儿子,这不也是可以的吗?"没想到他的哥哥辛却说:"君杀了臣,谁敢向国君复仇呢?君主的命令,就是天的命令。如果一个人死于天命,又找谁去报仇呢?"弟弟斗怀是想为父报仇的,但哥哥不允许,认为君即是天,如果一个人死于雷击、疾病之类的天命,将找谁去报仇呢?

总之,《公羊传》认为亲重于君,不可以君灭亲;君臣之间以义合,若君不君,则臣可以不臣,就像《孟子》里说的那样:"君之视臣如手足,则臣视君如腹心;君之视臣如犬马,则臣视君如国人;君之视臣如土芥,则臣视君如寇仇。"而《左传》却认为君重于亲,为了君可以大义灭亲,而不能反过来,为了亲去向君复仇。"大义灭亲"对于儒家来说,这是个错误的说法。《论语》里面说:"父亲为儿子隐瞒,儿子为父亲隐瞒,正直就在这里啊。"《礼记·丧服四制》里面说:"门内之治恩掩义,门外之治义断恩。"亲亲,是始终放在尊尊前面的。《仪礼》

里有父子一体、夫妻一体、兄弟一体，却没有说君臣一体。因为君臣是要以义相合的，而父子终是父子，夫妻终是夫妻，兄弟也总是兄弟。在"文革"大动乱的年代，就出现子告父、妻告夫的现象，这对于传统的中国人来说是不可想象的。为了自利，父子、夫妻反目成仇，这是怎么的道德沦丧啊！

小知识◎《春秋》及其三传

　　《春秋》是孔子晚年亲手编定的儒家经典，列为五经之一。《春秋》体例之严密精深，乃至于"子夏之徒不能赞一辞"。《春秋》笔微而意深，立亲亲、尊尊之义，褒仁义、贬乱臣，使史书成为张扬人间正义的重要手段，使得《春秋》出而乱臣贼子惧，堪为如椽巨笔。后世史记褒贬义例皆以《春秋》为准。因此《春秋》对中华文明的形成与传承具有重大贡献。自《春秋》经产生之后就有儒师讲授《春秋》，并逐渐形成《春秋公羊传》《春秋穀梁传》和《春秋左氏传》三种传解。三传各有长短，给《穀梁传》作注的范宁评论说："《左氏》艳而富，其失也巫；《穀梁》清而婉，其失也短；《公羊》辩而裁，其失也俗。"意思是说，《左传》的优点是文笔优美而记事丰富，但缺点是多有鬼神不稽之辞；《穀梁传》的优点是辞清义通，其缺点是于元年大义没有作传，故有所短见；《公羊传》的优点是事理分明，善于裁断，但缺点是有的地方讲的事情从于流俗。《春秋》微言大义非传不能晓，读《春秋》不可不读三传。

3. 孔怀兄弟

《千字文》云："孔怀兄弟，同气连枝。"中国传统以手足之情喻兄弟，即是说兄弟同出一胞，本是同体连枝，视彼此当如己身。兄弟更以长幼立兄友弟恭之义。《诗经》里有《棠棣》一篇，叙兄弟之谊，其词云：

> 棠棣之华，鄂不韡韡，凡今之人，莫如兄弟。
> 死丧之威，兄弟孔怀，原隰裒矣，兄弟求矣。
> ……
> 傧尔笾豆，饮酒之饫，兄弟既具，和乐且孺。
> 妻子好合，如鼓琴瑟，兄弟既翕，和乐且湛。
> 宜尔家室，乐尔妻帑，是究是图，亶其然乎。

大致的意思是，棠棣的花，每一瓣都那么鲜艳。凡今天下之人，莫如兄弟更亲。当遭遇死丧之恐惧，只有兄弟相互挂怀。丧命埋葬荒野,兄弟也会相寻。……摆上佳肴满桌,宴饮欢乐。兄弟今日团聚,和乐温暖。妻子情投意合,如琴瑟协奏。兄弟今日相会,和乐敦厚。阖家皆睦,妻儿欢喜。人生之乐想来不过如此,岂不然哉?

孟子有云:"君子有三乐,而王天下者不与存焉。父母俱在,兄弟无故,一乐也;仰不愧于天,俯不怍于人,二乐也;得天下英才而教育之,三乐也。"这就是中国人的快乐啊。王维在重阳节所作的《九月九日忆山东兄弟》传颂了千百年:

> 独在异乡为异客,
> 每逢佳节倍思亲。
> 遥知兄弟登高处,
> 遍插茱萸少一人。

孔融让梨的故事大家耳熟能详,但更让人感动的是孔氏一门争义。《后汉书·孔融传》记载道:

当时宦官专权,迫害有名节的士人,这里就是宦官头子侯览要加害张俭。张俭是孔融哥哥的朋友,所以就逃到了孔家。不料事情泄漏,张俭虽然逃走了,但孔褒、孔融兄弟却被抓起来了。罪名还没定下来。孔融就说,人是我藏的,所以应该由我负责。而兄长孔褒却说,张俭是来求我的,与我弟弟无关,请治我的罪吧。官吏无奈,便去问他们的母亲,结果母亲说,我是家长,事由我管,当治我的罪。一门争死,郡县的官吏不敢私自决定,上报朝廷,最后朝廷只定了兄长孔褒的罪而将其杀害。

现在说起古代,人们往往想到古代封建专制多少黑暗,科技不发达,社会生活多么贫寒;可是,读古代的书,真正了解古代世界的人又有多少呢?《后汉书》里记载了很多人,他们具有广博的学问和崇高的气节,临危不惧,临难不苟免。我们在他们面前,又有什么可骄傲的呢?

说起桃园三结义的故事,大家都很熟悉。按照《三国演义》里面的讲法,汉末宦官专权,政治黑暗,又有黄巾乱天下。刘备、关羽、张飞三人为扶国难而结为兄弟,誓言虽不同年同月生,但求同年同月死。刘备在益州建立蜀汉政权之后,东吴以计袭破荆州,杀害了据守荆州的关羽。刘备闻讯大怒,立即起兵十万,要为关羽报仇。当时诸葛丞相劝阻刘备不要意气用事,坏了联吴抗曹的大计。但对于刘备来说,兄弟之情重于天下,怎么能为了所谓的大局而坐视兄弟被害呢?

我们已经知道,刘备征吴,以失败告终,自己也命丧白帝城;就在这时,三弟张飞也被人害死。义结金兰时,誓不独生,到此时果然三人先后皆亡,应了誓言。古人之重义也如此!当然,今天的我们也许可以批评刘备的不智,然而,今天的我们,为了追求所谓的功与利,抛弃的东西不也太多了吗?

六 修身

人在世界上无疑是渺小的,而渺小的个人却可以成就伟大的人格与功业。一个人只要端正用心,从小事做起,不断地改过迁善,必定会不断地取得进步,虽愚必明,虽弱必强,直至成贤成圣。而一个人不知修身,从不反省自己、改正错误,只会误了一世,终是庸人。《千字文》提出了修身的要求,也举出伟大的先贤作为激励后学的榜样。

1.仁义不可须臾离也

"仁慈隐恻,造次弗离;节义廉退,颠沛匪亏",语出《论语·里仁》。富贵是人人都想追求的,但求之要有道,如若无道,则行为无耻,祸害国家与社会。譬如当今社会的公务员,真正说起来,公务员的工资水平并不高,然而许多公务员都富得流油,也不知道钱都是从哪里来的。这就是"不以其道得之"。但现在的情形是,大家不仅不以为耻,反以为荣。古者以耻为耻,以义为荣;现今以穷为耻,以富为荣,除了贫富之外,已经不知道还有什么廉耻节义了。

孔子说,君子时时刻刻都不要违了仁,哪怕在仓促之间,哪怕在颠沛流离的道路上。何谓仁?孟子有句名言叫作"居仁由义",意思是说,"仁"是人们的心所安居的地方,是人之为人所要坚持的最宝贵的东西,具体说来就是仁爱之心和生生之理,"义"是人们走的路,是行为的准则和方法。《孟子·尽心上》说,如果一个人能做到"居仁由义",那么他就做到了"大人之事"。什么叫作大人?大人要比成人更进一步。当一个人能做到:"入则孝,出则悌,谨而信,泛爱众,而亲仁。行有馀力,则以学文。"那么他就成人了。而一个人不只是成人，还能将仁德发扬光大，将此仁德施及他人，那么这个人就可当"大人"了。

对于我们来说，首先要成人。成人并不是现今法律规定的那样，到了18岁就是一个具有民事行为能力的成年人，而是要从人格上做一个成人。古代男子20岁、女子15岁要举行成人礼，男子冠而女子笄。

《礼记·冠义》上说，所谓成人，是将要用成人的礼仪来要求他。用成人的礼仪来要求他，是将要用作为人子、作为人弟、作为人臣、作为晚辈的行为礼仪来要求他。就要用孝、悌、忠、顺的德行来要求他了，这个成人之礼难道还不重要吗？所以，孝、悌、忠、信的德行确立，然后才真正成为大人了，成为大人，然后才能治理别人。所以古代的圣王都很重视冠礼。所以说："冠礼是成人之礼的开始，是嘉礼中隆重的事。"

成人是基本的要求，更进一步，则可做君子，可做大丈夫。何谓君子？古人常以玉象君子，以玉有君子之德也。《千字文》里指出了具体的途径："知过必改，得能莫忘；罔谈彼短，靡恃己长。"有过则必改正，学到了才能不忘记；不要总是谈论别人的短处，更不要矜恃自己的特长。这样才能成为君子。

由君子进而可做大丈夫，何谓大丈夫？《孟子》里面说："大丈夫，则应该住在天下最宽广的住宅里，站在天下最正确的位置上，走着天下最光明的大道。得志的时候，便与老百姓一同前进；不得志的时候，便独自坚持自己的原则。富贵不能使我骄奢淫逸，贫贱不能使我改移节操，威武不能使我屈服意志。这样才叫作大丈夫！"

修身最高的境界是要成仁成圣。成仁成圣不可一蹴而就，从成人做起，进而君子，进而也许可优入圣域矣。《千字文》曰："景行维贤，克念作圣。"景行是指非常高尚的德行。《论语·子罕篇》里颜渊这

孔子燕居像
明代无名氏作

样称赞他的老师孔子:"夫子的伟大形象始终都浮现在我前面,我越是奋力追赶,就越是感到难以企及;夫子善于诱导学生,既以渊博的学识使我们豁然开朗,又以简约而庄重的礼将博文施之于吾身。我竭尽全力,感到似乎学有所得,但要全面赶上我的老师,却无由而从。"夫子就像高山一样,横亘在我们面前,我们唯有瞻仰。我们之所行,也唯有追随夫子所行之大道。虽然不能做到夫子那样的伟大,但这一直都是我们的追求。这就是孔子。

圣人之道,不只是道德文章与礼仪的规范,更是人生之至乐也。《论语·述而篇》载,子曰:"饭疏食,饮水,曲肱而枕之,乐亦在其中矣。不义而富且贵,于我如浮云。"夫子得道而自乐,与这种快乐相比,富贵也只是浮云罢了。颜渊善学孔子,也得此至乐。孔子赞扬他说:"贤哉回也!一箪食,一瓢饮,在陋巷,人不堪其忧,回也不改其乐。贤哉回也!"孟子说:"理义之悦我心,犹刍豢之悦我口。"理义让我的心快乐,就像美食让我的口有快感一样。每个人都会有这样的经历,当我们感到我们做的事情符合道义的时候,比如为父母做了一件让他们高兴的的事,这时我们的内心就会有一种力量,有一种快乐,这就是理义让我们的心快乐。而如若我们明白了天地间的大道理,这种快乐又岂可限量?岂是世俗的名利可比的!

最后,《千字文》告诫道:"祸因恶积,福缘善庆;尺璧非宝,寸阴是竞。"祸患皆是作恶所积,而行可致福德;一尺来长的璧也算不得什么宝贝,当及时行善才是善道。

2. 孟轲敦素

《千字文》紧接着说:"孟轲敦素。"孟子,名轲,山东省邹县人,是儒家的亚圣。古人读书不敢直呼圣人的名讳,要挨板子打的,碰到圣人的名字,要读"某",所以这里就要读"孟某敦素"。这句话的意思是孟子崇尚本性的质朴。孟子坚持人心皆有善端,修身就是要引导本心之善自然生长,不要放失本心。

孟子三岁丧父,孟母艰辛地将他抚养成人。孟母对孟子的教育千古传为美谈。《三字经》云:"昔孟母,择邻处。子不学,断机杼。"说的就是孟母三迁和孟母断织的故事。孟子当时的具体情况已不可考了。所谓择邻处,自是择贤德之士为邻。孟母深知环境对孩子的影响,所以多次搬家,比较和选择更有贤德的邻居。现在不少家长也颇有些"孟母三迁"的意思,只是他们不是择邻,而是择校。现代城市居民邻居很多,而且比以前住得更近,只有一墙之隔,但却很可能相互都不认得。所以现在为了孩子而搬家肯定不是为了择邻。很多家长认为,得让孩子从小上一个好的学校,这样可以受到更好的教育,长大了就可以考个好大学,毕业了可以找个好工作。所以择校就是要让孩子赢

孟母三迁祠碑

位于山东邹城市城西庙户营村内,坐北向南,孟母三迁祠内正中神龛供奉孟子父母像,东侧置孟子像龛

在起跑线上。但是，我们不得不说，只重课业成绩与能力，不重德行品质，是现代教育的一大盲点。所以，今天的择校与孟母的择邻有重大区别。

何以见得孟母择邻就是重贤德呢？《韩诗外传》和《列女传》里都记载了这样的一个故事。孟子有一次回来，悄悄地进了家，看见妻子张开腿坐在床上。踞，对于女性来说，这样坐是不合乎礼的，所以孟子觉得妻子无礼，便禀告母亲想休了她。结果呢，孟母先批评孟子，说你前往私人之处而不让她知道，窥人隐私，已不合乎礼了。孟子听后很自责，不敢再提起这件事情。孟子在孟母的教导下，成为一代圣贤，更让人感叹母亲的伟大。

孟子生活在战国中期，其时诸侯争夺天下，战争不断，人命卑贱，民不聊生。孟子周游列国，苦口婆心地劝说各国君施行仁政，但诸侯一如既往地唯利是图。正如《孟子》一书所载：

孟子拜见梁惠王。梁惠王说："老先生，你不远千里而来，一定是有什么对我的国家有利的高见吧？"

孟子回答说："大王！何必说利呢？只要说仁义就行了。大王说：'怎样使我的国家有利？'大夫说：'怎样使我的采邑有利？'一般人士和老百姓说：'怎样使我自己有利？'结果是上上下下互相争夺利益，国家就危险了啊！在一个拥有一万辆兵车的国家里，杀害它国君的人，一定是拥有一千辆兵车的大夫；在一个拥有一千辆兵车的国家里，杀害它国君的人，一定是拥有一百辆兵车的大夫。这些大夫在一万辆兵车的国家中就拥有一千辆，在一千辆兵车的国家中就拥有一百辆，他们的拥有不算不多。可是，如果把义放在后而把利摆在前，他们不夺得国君的地位是永远不会满足的。反过来说，从来没有讲'仁'的人却抛弃父母，从来也没有讲义的人却不顾君王。所以，大王只说

孟子故里亚圣殿
孟子故里位于山东省邹城市城北。这里还有孟子故里坊、孟子故宅、孟母泉、孟母井、孟母池等纪念地

仁义就行了,何必说利呢?"

孟子感到,如果世人皆以利相求,每个人都要将自己的利益最大化,那么最后的结果只能是人与人之间残酷斗争,反而置所有人于困境,得不到利益;而反过来,如果先义而后利,以德服人,反而有利。孟子对梁惠王说的"王亦曰仁义而已矣,何必曰利"很迂腐吗?不,一点都不迂腐。秦朝一统天下,武力强盛,然而不过十数年就灭亡了。楚汉相争,项羽勇力绝伦,击败四方诸侯而称霸王,不过三年就亡了。贾谊在《过秦论》中说:"仁义不施而攻守之势异也。"一针见血地指出他们的错误在于不施仁义,以致与天下人为敌,能不灭亡吗?而汉高祖勇不如

项羽，谋不如张良，何以取天下，开四百年基业？仁义而已。

孟子不只是说仁义可以取天下，更是指出仁义乃人之本心尔。求诸本心，即得仁义而成人，放失本心则失义而成禽兽，能不慎哉？

小知识◎中国古人的坐姿

我国秦汉以前，人们"席地而坐"，坐时在地上铺上席。坐姿主要有两类，跽与踞。根据场合环境不同，坐姿也不一样。但最普及最正式的姿势就是跽，跪坐。跪坐一般是两膝并紧着席，臀部落在脚跟处。这是一种放松姿态，大部分时间古人都会保持这个姿势。入席就座，要掀起下裳前摆。下跪时，左足向前一小步，先跪左腿，右足向后，再跪右腿。然后放下衣摆。起立时，先起右腿，再起左腿。女性则相反。踞则是张开腿坐，这被认为是不文雅、不礼貌的坐姿。

3. 史鱼秉直

"史鱼秉直"所说的史鱼,是春秋时卫国(都于今濮阳西南)大夫,也称史鳅,字子鱼,是我国历史上著名的史官。吴延陵季子过卫时,赞史鱼为卫国君子、乃柱石之臣。卫灵公三十八年(前497年),卫公叔子曾设家宴招待卫灵公。他告诫说:子富而君贫,必将遭祸,免祸的办法,只有富而不骄,谨守臣道。他多次向卫灵公推荐蘧伯玉。临死嘱家人不要"治丧正室",以劝谏卫灵公进贤(蘧伯玉)去佞(弥子瑕),史称"尸谏"。孔丘称他为"直哉史鱼,邦有道如矢,邦无道如矢"。

史官对于中国历史来说具有极端重要的意义。说极端重要,一点也不过分。西方的基督教以上天堂还是下地狱来审判人的灵魂,让坏人恐惧。佛教也以成佛与永坠阿鼻(最后一层地狱)来奖惩人。儒家呢?儒家没什么特别功利的东西来行奖惩,而付诸良知,但求心安理得。行善要靠自觉,对于一名君子来说,还需要什么东西来逼迫或引诱他去行善吗?这是不需要的,但对坏人呢?孟子说孔子作《春秋》而乱臣贼子惧。文天祥就义前留下"人生自古谁无死,但取丹心照汗青"

的诗句。《春秋》是什么？孔子作以评判历史人物的史书。汗青是什么？史册也。乱臣贼子害怕在历史上留下千古骂名。因此，对于中国来说，历史书写异常重要。

那么谁来书写历史？史官。史鱼就是这样一位优秀的史官。也许有人会问：如果有人篡改历史了怎么办？比如，历史上的确有人篡改历史。《千字文》说"史鱼秉直"。直，就是一名史官最重要的品格，是史官的天职。

春秋时晋灵公无道，肆意妄为。执政的正卿赵盾几次三番地劝导，晋灵公不仅不听，反而要杀赵盾，赵盾只好出逃。但还没出国境的时候，就听说他的族弟赵穿杀了晋灵公，赵盾就回来重新执政。

史官董狐却写道："赵盾弑君。"赵盾辩解道，晋灵公不是他杀的，而是赵穿杀的。董狐却说："子为正卿，亡不越境，反不讨贼，非子而谁？"据礼，执政大臣只要在国境之内，凡国君被杀而不讨，则视

史鱼
出自清末《历代名臣像解》。史鱼，也称史鳅，字子鱼，名佗，春秋时卫国（都于今濮阳西南）大夫。卫灵公时任祝史，故称祝佗，负责卫国对社稷神的祭祀。吴延陵季子过卫时，赞史鱼为卫国君子、柱石之臣

与弑君同。因此"弑君"之名应由赵盾承当。不过，话又说回来，赵盾其实也算是一名贤臣。晋灵公派刺客去刺杀他时，半夜了赵盾还在处理国政，刺客非常感动，但君命难违，这名刺客选择了自杀。

孔子评论说，董狐是良史，可惜赵盾亡不越境，否则就不会背负弑君之名了。在我们今天看来，董狐作为一名史官敢写掌握权力的人弑君，这是何等的勇气啊！他没有遭到报复，是因为赵盾的确是一位贤臣，而非小人。不过，齐国的两位史官就没有董狐这么幸运了。

齐庄公无道，与执政大臣崔杼的妻子通奸，并以崔杼之冠赐人，来侮辱他。崔杼当然怒不可遏，便想将庄公杀了，并借此向晋国示好。之所以向晋国示好，因为当时齐国曾趁晋国动乱向晋国发动了战争，崔杼怕晋国来报复。崔杼因此之故称病不上朝见齐庄公，齐庄公便来崔杼家找他，并意图调戏崔杼妻子。崔杼的手下将齐庄公包围起来杀了。史官记载："夏五月乙亥，崔杼弑其君。"崔杼觉得自己很冤，为阻挡史官这样写，就将这位史官杀了。《左传》载："崔子杀之。其弟嗣书，而死者二人。其弟又书，乃舍之。南史氏闻太史尽死，执简以往。闻既书矣，乃还。"崔杼连杀了两个史官之后没有再杀了，而竟还有史官冒死前来。古代的史官为记录真实的历史而如此之执着，甚至置生命于度外，这种敬业精神着实令人钦佩。

崔杼也并非什么真正的逆乱暴徒，实是齐庄公让人忍无可忍了。崔杼看到史官们这么执着，叹息说："吾惧社稷之陨，不得已而为此，虽直书，人必谅我。"什么意思呢？是说："我是为了保全国家社稷，不得已才这样做的。虽然史官直书我弑君，但我相信后人会谅解我的。"

这里举晋齐两国史官，是为了表彰他们恪尽职守，不畏强权而坚守道义，至死犹然不惧，试问今人，谁做得到？然而晋灵、齐庄，荒淫之君也，诛之可也，何必曰弑？

小知识◎《赵氏孤儿》

　　《赵氏孤儿》是元代戏剧家纪君祥创作的一部杂剧。该剧以春秋时晋国的一段历史为背景而进行加工创作。上卿赵盾遭到大将军屠岸贾诬陷，全家 300 余口被杀，只有一个不到半岁的婴儿为门客程婴救出，即赵氏孤儿。为了救护孤儿，先后有晋公主、韩厥、公孙杵臼等人献出了生命。最后程婴用自己的儿子作替换，保全了赵氏孤儿。20 年后，孤儿长大成人，程婴将赵家冤案始末绘成图卷，对他讲说了往事，赵氏孤儿遂决意擒杀屠岸贾报仇。元刊本至此结束。明刊本还有晋悼公处死屠岸贾，为赵家雪冤等情节。纪君祥从《左传》《国语》《史记》等史籍取材，并据历代流传的程婴保存赵孤的故事，进行加工创造，写成了这部壮烈的悲剧。作者表彰了为正义而自我牺牲，以及向邪恶势力复仇的精神。

七 神州

中国地广物博,山河壮丽,有数不清的美景胜地。不只是今天的中国人为此而自豪,《千字文》的作者在1000多年以前也为此而感到自豪。《千字文》用简明的语言为我们勾描出了华夏山河的秀丽。

1. 京都

"都邑华夏，东西二京"，长安与洛阳是我国最负盛名的古都。《千字文》里详细地描绘了京都的风情。不过，作者周兴嗣是南朝时人，那时两京皆沦于夷狄之手，这两句只是对汉晋之世的追忆罢了。

大明宫遗址公园南城门

大明宫是唐代长安城禁苑，位于城东北部的龙首原，是唐帝国的政治中心，是世界史上最宏伟和最大的宫殿建筑群之一。始建于唐贞观八年（634年）。龙朔二年（662年），唐高宗扩建，次年迁入大明宫执政。乾宁三年（896年）毁于兵乱

先说西京长安。长安在西周时称为"沣镐"。沣镐是周文王和周武王分别修建的沣京和镐京的合称,沣镐所在地区称为宗周。现在陕西省西安市附近发现的沣镐遗址即西周都城遗址,在西安市长安区沣河两岸。公元前11世纪,周文王姬昌在沣河以西建立了国都沣京,周武王姬发灭商后,又在沣河以东建立了国都镐京。在西周300多年中,文王邑沣,武王宅镐,沣镐始终是周人治下的中心,也是中国历史上在西安第一次出现的全国性都城。《周官·考工记》有云:"匠人营国,方九里,旁三门。国中九经九纬,经途九轨。左祖右社,面朝后市,市朝一夫。"可知沣镐二京的规模在当时还是相当可观的。由于年代久远,垣的地面遗迹已不可寻,二京的确切位置仍有待考古发掘。

汉高祖七年(即前200年)将汉朝的都城定在长安。从此拉开了大规模营建长安城的序幕。汉高祖刘邦在渭河南岸、阿房宫北侧、秦兴乐宫的基础上重修宫殿,命名为长乐宫。接着,又建造了未央宫,并在公元前200年由栎阳城迁都至此,因地处长安乡,故命名为长安城。

汉惠帝元年(前194年)至五年(前190年)建造城墙。汉武帝设京兆尹治理长安,对长安城进行了大规模扩建,兴建北宫、桂宫和明光宫,并在城西扩充了上林苑,开凿昆明池,建建章宫等。在西汉的200余年历史里,长安一直是全国的政治、经济和文化中心。白武帝时张骞出使西域,开通商道,长安城成为连接欧亚的桥梁、"丝绸之路"的起点,繁盛一时。全盛时期如汉平帝元始二年(2年)时,城中有8.8万户、24.6万人,成为中国历史上第一座规模庞大、居民众多的城市。可惜西汉末年,天下大乱,长安城也遭焚毁。王莽执政时期,长安城一度毁于战火。

汉时的长安城位于今西安市区西北郊外,面积约36平方公里,大约是同时期罗马城的4倍。长安城有12座城门和8条主要街道,最

清明上河图（局部）

北宋张择端所画，描绘了当时宋都汴京的繁华景象。作品以长卷形式，采用散点透视的构图法，生动地记录了中国12世纪城市生活的面貌，这在中国乃至世界绘画史上都是独一无二的

长的街道长5500米。城内的宫殿、贵族宅第、官署和宗庙等建筑约占全城面积的三分之二。宫殿集中在城市的中部和南部，有长乐宫、未央宫、桂宫、北宫和明光宫等。其中未央宫是从汉惠帝开始的许多皇帝的居住和处理朝政的地方，是中国历史上最有名的宫殿之一。居民区分布在城北，划分为160个"闾里"。市场在城市的西北角上，称为"长安九市"。在城西有面积广大的上林苑，苑内主要有昆明池、建章宫等。在城南有一组王莽时期建造的礼制建筑。汉长安城一改战国时期大小城相套的格局，把居民区、工商业区和宫殿区集中在一座城市里，后世的都城都沿用了这一体系。

隋文帝建立隋朝后，定都长安。但当时的长安历经长期战乱，年久失修，破败狭小，于是隋文帝决定在长安城东南另建一座新城，定名为"大兴城"，由建筑学家宇文恺主持规划建设。618年，李渊建立唐朝，改大兴为长安，此后进一步修建和完善。唐太宗和唐玄宗年间先后增建了大明宫和兴庆宫等宫殿。

唐朝时，长安城的建造达到鼎盛，是当时世界上最宏大、最先进的大都市。周长达35.56公里，面积约84平方公里，是现在西安城墙内面积的9.7倍，汉长安城的2.4倍，隋唐洛阳城的1.8倍，元大都的1.7倍，明南京城的1.9倍，明清北京城的1.4倍，公元447年所修君士坦丁堡的7倍，800年所修巴格达的6.2倍，古代罗马城的7倍。唐长安城是世界历史上第一个达到百万人口的大城市。唐长安的人口中，除居民、皇族、达官贵人、兵士、奴仆杂役、佛道僧尼、少数民族外，外国的商人、使者、留学生、留学僧等总数不下3万人。当时来长安与唐通使的国家、地区多达300个。唐的科技文化、政治制度、饮食风尚等从长安传播至世界各地。唐长安城的形制是中国古代城市、尤其是都城建设的典范。日本的平城京、平安京，渤海国上京龙泉府都

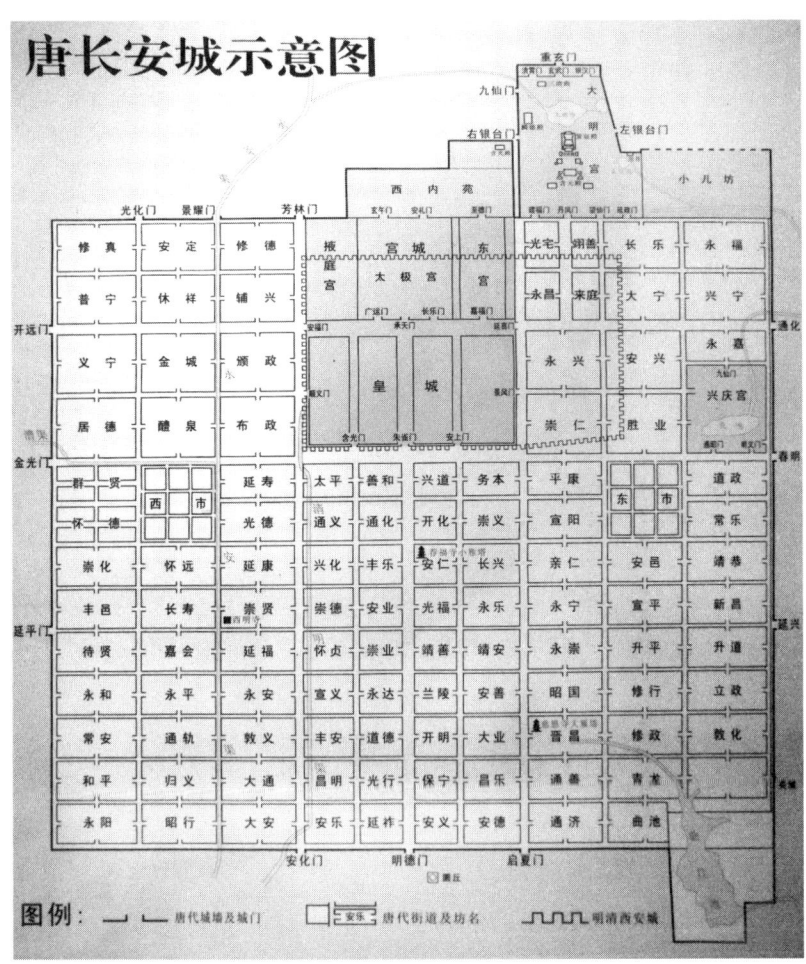

唐长安城示意图

图中所示长安城街巷星罗棋布,非常整齐,令人惊讶。这样的城市建造风格为当时的世界各国所模仿

高度效仿了长安城的规划。

再说东京洛阳。洛阳因地处洛河之阳而得名，被誉为华夏第一王都，在历史上曾长期作为我国的政治、经济、文化中心，先后有13个王朝在此建都，历时1529年，是中国建都最早、历时最长、朝代最多的古都。东汉光武中兴、明章之治、西晋太康之治、北魏孝文改制、武周遗风都曾在这里上演。写《汉书》的班固曾说洛阳曰："光汉京于诸夏，总八方而为之极。"司马光诗云曰："欲知古今兴废事，请君只看洛阳城。"洛阳地处中原，山川纵横，西依秦岭，出函谷是关中秦川，东临嵩岳，北靠太行且有黄河之险，南望伏牛，有宛叶之饶，所以人们称赞洛阳为"河山拱戴，形势甲于天下"。

洛阳作为历史名城，千百年来留下了数不清的名胜古迹。光有名的佛寺就有：少林寺、白马寺、广化寺、皇觉寺、龙马负图寺、灵山寺、观音寺、藏梅寺、奉先寺，等等。著名的龙门石窟就在洛阳市南13公里的伊河两岸。历史上的洛阳，周易八卦在此发祥，老子在此著《道德经》，孔子问礼至此，三班(班彪、班固、班昭)在此修成《汉书》，司马光在此编成《资治通鉴》。东汉的"洛阳太学"学生逾3万人，为当时世界之最；晋人左思的《三都赋》名声之噪，曾使"洛阳纸贵"；曹操、曹植、曹丕三父子，程颢、程颐二兄弟，建安七子，竹林七贤，金谷二十四友等无不在此留下享誉九州的名篇；大诗人杜甫、白居易、李贺、刘禹锡等，或生于此、长于此，或游历于此、终老于此，留下了多少千古绝唱。

《千字文》用了大量篇幅盛赞道："宫殿盘郁，楼观飞惊。图写禽兽，画彩仙灵。丙舍傍启，甲帐对楹。肆筵设席，鼓瑟吹笙。升阶纳陛，弁转疑星。右通广内，左达承明。既集坟典，亦聚群英。杜稿钟隶，漆书壁经。府罗将相，路侠槐卿。"丙舍是指王宫正室两旁

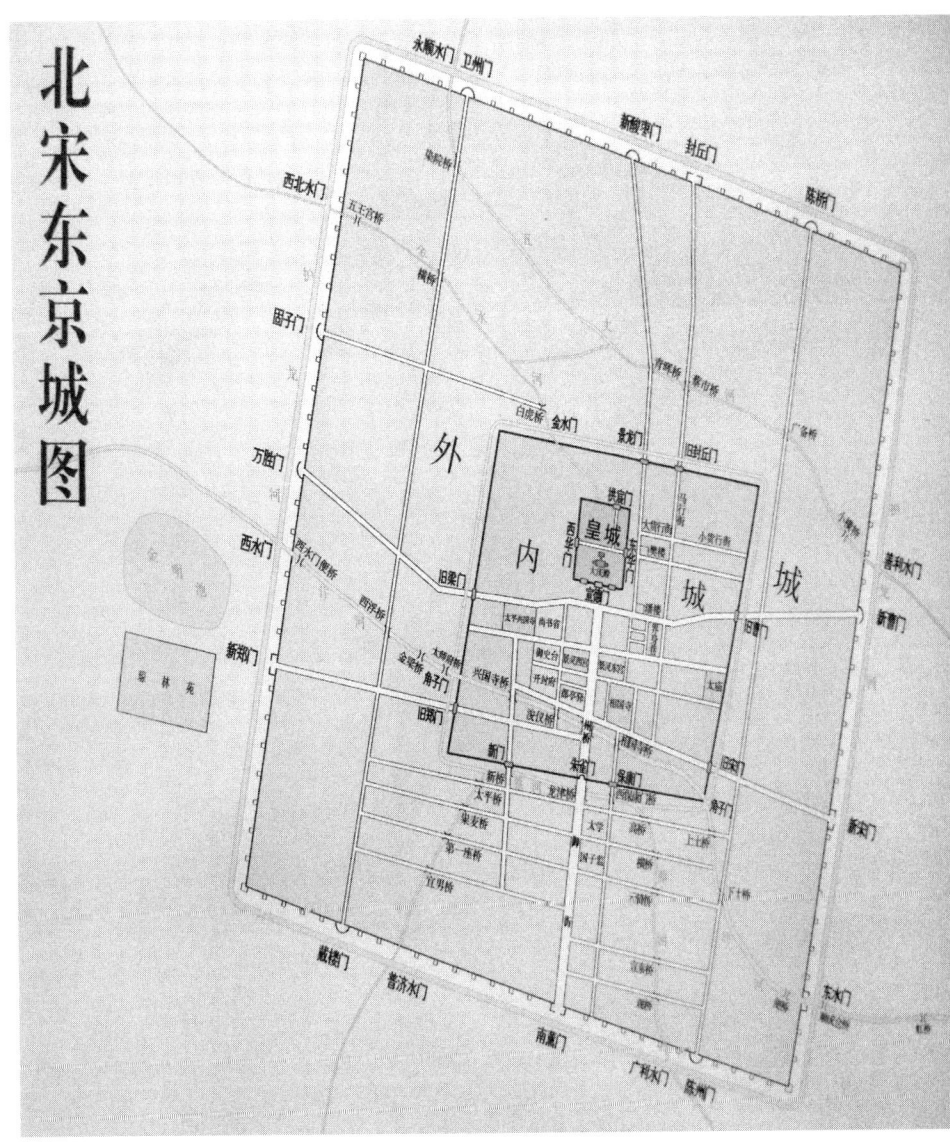

北宋东京城图

北宋的东京即汴京,也就是今天的开封。图中可见,京城的布局层次分明,有河流数条穿城而过。可以想见当年词人柳永与歌女丁河上唱和,"今宵酒醒何处,杨柳岸晓风残月",令人追思

的别室，后世叫作偏殿或配殿，所以丙舍傍启，而不是在正中。"甲帐对楹"是说豪华的幔帐对着高高的楹柱。"升阶纳陛"是说官员们拾级而上，沿阶上殿。"弁"就是官员们戴的帽子，武官戴皮弁，文官戴爵弁。"广内""承明"皆是殿名。"坟典"即三坟五典，上古时代的书，现在已经搞不清楚到底是什么高深莫测的书了，反正是极庄严神明的经典，古人也没见过是什么书，据传是三皇五帝留下来的。这里借来比喻京都藏书丰富，人才济济。还藏有著名书法家杜度和钟繇的手迹，以及上古的漆书、孔子旧宅墙壁里的经书呢。"府罗将相，路侠槐卿"是说承明殿里汇集了将相，路上还有三公九卿。京都自是少不了皇子御眷、王公将相了。

2. 湖海名山

华夏神州纵横万里，幅员甚广，名山胜景，举之不尽。《千字文》只能象征性地列举了"岳宗泰岱，禅主云亭；雁门紫塞，鸡田赤城"与"昆池碣石，钜野洞庭"。

东岳泰山自古就以之为天子东望祭祀之处，特别是封禅之地，为五岳之首。禅主与云亭分别是泰山之两峰，皆为古代祭祀山岳的地点。泰山山体雄伟壮观，景色秀丽。在我国古代神话传说中，盘古死后，头部化为泰山。

我们从小就非常熟悉杜甫那首著名的《望岳》：

岱宗夫如何？齐鲁青未了。
造化钟神秀，阴阳割昏晓。
荡胸生曾云，决眦入归鸟。
会当凌绝顶，一览众山小。

这首诗为我们描绘了暮春之际泰山的壮丽，以及诗人登泰山而小天下的气概。

所谓"雁门紫塞",雁门是指雁门关,紫塞即长城。雁门关位于今天的山西省忻州市代县县城以北约20公里处的雁门山中,是长城上的重要关隘,历来是兵家必争之地。

秦始皇统一六国后,派遣大将蒙恬率兵30万,从雁门出塞,"北击胡,悉收河南之地"(即河套地区),把匈奴赶到阴山以北。

北宋初期,雁门关一带是宋辽激烈争夺的战场。历代传颂的杨家将众将士都曾在这里大显身手,为国立功。在宋太平兴国四年(979年),杨业任代州刺史兼三交驻泊兵马都部署以后,曾多次以少胜多,大败辽兵,当时人们誉杨业为"杨无敌"。

雍熙三年(986年),在雁门附近的战斗中,由于统帅潘美的指挥失误、临阵脱逃和挟嫌报复,使杨业陷入重困,最后士卒全部覆没,在朔州的陈家谷他自己身负重伤为辽兵所执,宁死不屈,绝食殉国。后人为纪念他的战功和忠贞精神,在雁门关北口立了"杨将军祠"。

"天下九塞,雁门为首。"雄关依山傍险,高踞勾注山上。东西两翼,山峦起伏。山脊长城,其势蜿蜒,东走平型关、紫荆关、倒马关,直抵幽燕,连接瀚海;西去轩岗口、宁武关、偏头关、至黄河边。关有东、西二门,皆以巨砖叠砌,过雁穿云,气度轩昂,门额分别雕嵌"天险""地利"二匾。东西二门上曾建有城楼,巍然凌空,内塑杨家将群像,并在东城门外,为李牧建祠立碑,可惜城楼与李牧祠,均在日寇侵华时焚于一旦。

唐代诗人李贺的《雁门太守行》诗云:"黑云压城城欲摧,甲光向日金鳞开。角声满天秋色里,塞上胭脂凝夜紫。半卷红旗临易水,霜重鼓寒声不起。报君黄金台上意,提携玉龙为君死。"写出了雄关的豪迈气势,流传至今。

《千字文》里说的"鸡田"现今已罕为人知了。鸡田是古代西北塞外的地名，是联系中原与西域的重要关隘。陈末隋初文士陈暄有诗句云："都尉出祁连，雨雪满鸡田。"可见在南北朝的时候，鸡田是一座非常有名的西北关塞，以至成为南朝的文人骚客吟咏的对象。刘宏毅的《〈千字文〉讲记》说今天的宁夏省有鸡田县，可是查无此县，足见今人对鸡田所知甚少了。《旧唐书》中记载："鸡田州，寄在回乐县界，突厥九姓部落所处。户一百四，口四百六十九。"不过也奇怪，堂堂一个州，人口不到500人，也许是曾经繁荣过的地方由于战乱或自然原因，已然凋零至此了。

《千字文》不同注家对"赤城"指的是什么地方有争议。今河北省西北有赤城县，是其地也。《水经注》载："并州刺史王霸，败于燕，退保赤城。县志载：城东二里，山石多赤，望之若雉堞，故以名城。"而有人以为指的是今天浙江天台西北的赤城山，恐怕有误。因为《千字文》原文"雁门紫塞，鸡田赤城"，雁门、紫塞、鸡田均在塞外，赤城在互文之中，应当也在塞外，不可能跑到浙江去。

据《读史方舆纪要》载："古赤城，相传蚩尤所居。"为九黎族蚩尤的领地，龙关为黄帝部族缙云氏地。汉置女祁县，北魏设御夷镇，唐置龙门县。明置卫、所、堡，清设赤城县，成为长城内外贸易集散地。赤城县自古就有"宣府肩背、独石咽喉"之说，历代被称为卫护京都的"朔方屏障"、"三路咽喉"（龙门峡）、"北方锁钥"、"塞北藩篱"（君子堡）。

"昆池"即昆明池，或称滇池，在今云南省昆明市的西南。滇池因周围居住着滇部落或有水似倒流，滇者，颠也之说，故曰滇池。现在是一个非常著名的旅游景点。滇池为地震断层陷落型的湖泊，其外形似一弯新月。湖面的海拔高度为1886米，南北长39公里，东西最宽为13公里。湖岸线长163.2公里，面积为306.3平方公里，素称"五百里滇池"，为我国的第六大淡水湖，是一颗璀璨的高原明珠。滇池东有金马山，西有碧鸡山，北有蛇山，南有鹤山。这些山连绵起伏，形成了昆明坝子的天然屏障。

滇池大观楼上有一幅长联，对仗工整、气魄宏大而文采斐然，更令人惊叹的是居然长达220字。

上联为：五百里滇池，奔来眼底。披襟岸帻，喜茫茫空阔无边。看：东骧神骏，西翥灵仪，北走蜿蜒，南翔缟素。高人韵士，何妨选胜登临。趁蟹屿螺洲，梳裹就风鬟雾鬓；更蘋天苇地，点缀些翠羽丹霞。莫孤负：四围香稻，万顷晴沙，九夏芙蓉，三春杨柳。

下联为：数千年往事，注到心头。把酒凌虚，叹滚滚英雄谁在？想：汉习楼船，唐标铁柱，宋挥玉斧，元跨革囊。伟烈丰功，费尽移山心力。尽珠帘画栋，卷不及暮雨朝云；便断碣残碑，都付与苍烟落照。只赢得：几杵疏钟，半江渔火，两行秋雁，一枕清霜。

小知识◎封禅

封为"祭天"，禅为"祭地"，是指中国古代帝王在太平盛世或天降祥瑞之时的祭祀天地的大型典礼。远古暨夏商周三代，已有封禅的传说。古人认为群山中泰山最高，为"天下第一山",因此人间的帝王应到最高的泰山去祭过天帝,才算受命于天。

公元前219年,秦始皇统一天下之后,为告天地其大统一的功绩,率领文武大臣及儒生博士70人,到泰山去举行封禅大典。所谓"封",是指筑土坛祭天。所谓"禅",是指祭地,即在泰山下小山的平地上祭地。秦始皇在泰山顶上立了碑,举行封礼;之后,又到附近的梁父山行了禅礼。

封禅意味着四海统一,天下治平,功昭天地。此后汉武帝、唐高宗、唐玄宗、宋真宗先后多次登临泰山封禅。不过宋真宗以后,皇帝只到泰山祭祀天地,而不行封禅。

山东泰山岱庙宋代天贶殿
"天贶"即天赐的意思。相传北宋大中祥符元年(1008年)六月初六有"天书"降于泰山,宋真宗即于次年在泰山兴建天贶殿,以谢上天。整座大殿雕梁彩栋,贴金绘垣,丹墙壁立,峻极雄伟,虽历经数朝,古貌犹存

八 功名

"三十功名尘与土,八千里路云和月。"有如此壮丽的山河,必有如此壮丽的丰功伟绩。《千字文》写作的时候山河破碎,南北分裂。作者追述往昔,寄望来日。百年后果然有盛唐出,天下统一,四海兴平,再次书写了彪炳千秋的功名。

1. 匡君治世

《千字文》说："德建名立，形端表正。"是说建德立名，功垂后世，做人内外都要端正，以期望"策功茂实，勒碑刻铭"。把功名写在书策，刻于石碑。古人云："太上立德，其次立言，其次立功，此之谓三不朽。"这是中国人最看重的三大功德。如孔孟这样的圣贤，立德、立言，足为不朽，其实这也是立功。所以这三者也有相统一的一面。而古之治世能臣，立功最著，《千字文》里用了很大的篇幅来加以表彰。

"磻溪伊尹，佐时阿衡"，商末姜子牙垂钓磻溪，用直钩而离水三尺。大家都嘲笑他你这能钓到鱼吗？姜子牙却胸有成竹，答道愿者上钩。周文王听说姜子牙有贤德，前来相拜，用为国师，终克殷商。伊尹也是出身微末，躬耕于莘。商汤王用为阿衡，委以国政，克成大业。二人皆为匡君治世之名臣。

《千字文》在叙述历代功臣这一部分又讲到："绮回汉惠，说感武丁。""绮回汉惠"指的是商山四皓帮助汉惠帝的典故，背后包含着一个非常令人痛心的故事。绮是指绮里季，加上东园公、夏黄公、甪里先生，一共四人，皆是秦末汉初之有贤德的高人。从秦末到汉初，

伊尹

名伊,一说名挚,商初大臣。生于伊洛流域古有莘国的空桑涧(今山东曹县)。因为其母亲在伊水居住,以伊为氏。尹为官名,甲骨卜辞中称他为伊,金文则称为伊小臣。伊尹一生对中国古代的政治、军事、文化、教育等多方面都做出过卓越贡献,是杰出的思想家、政治家、军事家,中国历史上第一个贤能相国、帝王之师、中华厨祖

天下大乱,四方争斗不休,这四人为避乱世隐居在商山,所以又称作商山四皓。皓本义是白,指皓首,胡子眉毛都白了的意思。因此商山四皓即商山四老的意思。楚汉相争时,刘邦曾请他们出来辅佐自己打天下,四人都拒绝了。刘邦建立汉朝以后,立吕后生的儿子刘盈为太子,就是后来继位的汉惠帝。

吕后为人专断暴戾,而太子刘盈却生性胆小懦弱。这也说明大凡家长专断严厉的,其孩子往往过于畏惧而悲观柔弱;相反,家长作风民主开明的,孩子反而能得以独立发展。刘邦在世的时候吕后还不敢

怎么样，可百年之后母强子弱必将对刘氏带来灾难。刘邦虽然出身市井，没读过多少书，却是个有胸怀有远见的人，他自然也知道这一点，所以曾想换太子。刘邦宠爱戚夫人，也喜欢她的儿子赵王如意，想立其为太子。吕后知道之后非常紧张，就向张良请教如何是好。张良智谋过人，就让吕后把商山四皓请来，与刘盈交游往来。而刘邦看到连他都请不来的贤人居然与太子刘盈过从甚好，说了一句："羽翼已成，难以动矣。"于是就打消了换立太子的念头。高祖驾崩后，刘盈继位大统，为汉惠帝。"绮回汉惠"就是说他们四人帮汉惠帝顺利继承了帝位。

但是汉高祖一死，吕后就嚣张起来了。她任用吕氏家的兄弟侄儿，外戚吕氏的势力开始膨胀，甚至盖过刘氏。吕后得势之后就开始报复她所憎恨的人，首先当然就是让她吃醋的戚夫人。她令戚夫人穿上囚衣、戴上铁枷在永春巷舂米。戚夫人悲痛欲绝，作歌曰："子为王，母为虏，终日舂薄暮，常与死为伍！"吕后知道后，就毒死了赵王如意，并下令斩断戚夫人的手脚、挖眼熏耳、喂以哑药，丢入猪圈，称为"人彘"，并带儿子汉惠帝前来观看。惠帝虽弱却本是善良之人，他看到这景象极为震惊，一边痛哭，一边指斥吕后说："你如此残害戚夫人，狠毒如此，实非常人所能为。"惠帝身心受到极大刺激，从此一蹶不振，没几年就死了，死时年仅22岁。

惠帝死后，吕后专权数年，她封吕氏家的兄弟侄儿为王，背弃了刘邦与诸大臣立下的"非刘氏不王"的誓约。吕后擅权用事，排斥王陵等老臣，打击刘氏势力。直至吕氏死后，刘氏才扳倒外戚，重掌政权。《史记》评价说："孝惠皇帝高后的时候，天下黎民百姓遭遇战乱之苦，君臣上下都想休养生息。所以汉惠帝垂拱而治，吕后只是临朝称制，处理政事都不用出房户，但天下却一片兴平，得到很好的治理。"吕后虽然对戚夫人母子狠毒无比，又扶持吕氏势力与刘氏为敌，然而其治国才能的确非常突出，连司马迁都称赞她"政不出房户，天下晏然"。

如何评价"绮回汉惠"，是一件非常不容易的事。刘邦请商山四皓出山打天下，他们不愿，为何在汉惠帝的太子位上，吕后一请他们就出山了呢？于礼，当立嫡长子为皇太子，因此由汉惠帝继位是没有问题的。由此而论，商山四皓助汉惠帝刘盈是没有错的，但他们当年都不在乎汉家是否得天下，又何必在乎汉家天下传给谁？更何况来请他们的也不是当年的高祖刘邦，而是无甚大名而又狠毒的吕后。其实没有商山四皓，刘邦也不是那么容易就能撤掉嫡长子刘盈的太子位的，而赵王如意只是庶出，无论如何都轮不到他做太子。再说，刘盈并非能君，一生都在其母的威逼之下，帮刘盈其实是在帮吕后。而吕后死时刘吕相争，差点留下天下大乱的隐患，帮吕后并不是什么高明的事。也许，商山四皓只是个传说罢了，表达了中国人对世外高人的景仰。

"说感武丁"指的是商朝贤臣傅说扶助商王武丁的典故。说，读作"悦"。《史记·殷本纪》载，商朝传到武丁的时候，国势已经衰弱了。武丁志在复兴国家，但苦于不得贤臣相助，便"三年不言"，政事都交给冢宰，而自己跑去察民风、访贤人。所谓日有所思，则夜有所梦。有一天他忽然梦见一位圣人，名叫说。群臣百吏没有叫说的，他就下乡去百姓家问，最后找到一个在筑城工地上干活的苦役，叫说。武丁与之交谈后，发现此人果然有大贤能，便任用为宰相，商朝再次兴盛起来。

后世类似于这样的故事还有很多，如《孟子》里提到过的："傅说举于版筑之间，胶鬲举于鱼盐之中，管夷吾举于士，孙叔敖举于海，百里奚举于市。"这里头反映了很多道理。首先是国非贤才不治，其次是君臣关系，为什么贤君不能独治而必得贤人为辅？《孟子》说："将大有为之君，必有所不召之臣。"凡是大有作为的群主，一定有他不敢召唤而必须亲自去请教的贤臣。这是因为，首先，从君臣关系上说，贤君必须尊重贤臣，这样才能得到人才，天下才能大治。其次，所谓独木不成林，贤才不能是一个，而是一群，这样才能形成政治清明的氛围。如果只有贤君，臣下都是小人，一个君子敌不过众多的小人，结果只能是众小人同化了君子，而不是一个君子感化众多的小人。第

傅说

傅说（约前1335～前1246年），商王武丁的大宰相。传说为傅岩筑墙之奴隶。武丁梦得圣人，名曰说，求于野。乃于傅岩得之，举以为相，国大治

三，君主不自专，而是尊重贤才，说到底，是尊重什么呢？尊师而重道也。君上重道，则臣下与百姓莫不重道。

小知识◎亮阴三年

  商王武丁是商朝后期的中兴之君，他政治贤明，任用贤相傅说使逐渐衰落的商王朝重新兴盛起来。据说武王的父王去世之后，他为父守孝三年，虽然继位了但终日为父默哀，于政事不发一言，都交给冢宰去处理。但三年之后他亲政时一发言天下都心悦诚服，因为武丁之孝天下共知，大家都以武丁为贤能之君王，所以无不臣服。《尚书》之《说命》篇说："王宅忧，亮阴三祀。"意思是说，王居丧父之忧，信任冢宰，默而不言已三年了。后世据此以为国君也要为亲守孝三年。所以，《论语》里面有这样的记载，子张问孔子："《尚书》上说，'高宗守丧，三年不谈政事'这是什么意思？"孔子说："不仅是高宗，古人都是这样。国君死了，朝廷百官都各管自己的职事，听命于冢宰三年。"

2. 春秋五霸

"桓公匡合,济弱扶倾。晋楚更霸,践土会盟。"春秋时礼崩乐坏,齐桓公、晋文公、楚庄王等迭相称霸,重整天下秩序。使得中原诸侯暂罢纷争,御狄尊王。

周代是分封制,上有天下,下封诸侯。那时因为天下太大了,而交通不甚发达,中央政令难及四方,所以就采取分封诸侯国的治理策略。诸侯拥有相当的自主权,并且爵位世袭,只要三年一朝觐,向周天子述职就可以了。而周天子五年一巡狩,观民风、宣教化而监察诸侯的治理。其实周以前,自尧舜至夏殷,也许一直都是这样的,大致相当于天下共主与地方各路诸侯的关系。只是到了周代,天子与诸侯的君臣名分更加明确,并加了许多的礼制规矩,这就是所谓的"周文"。到了春秋之时,"周文疲弊",诸侯各自为政,周天了丧失了本有的权威。这个时候,当各国诸侯发生"非礼"之事时,周天子再也管不到了,谁来管天下的事呢?答曰伯,即诸侯之长者。由此春秋五霸应运而生。

首先是齐桓公登上历史舞台,尊周王而攘夷狄。其时周天子威信

齐桓公

齐桓公（前716～前643年），春秋时齐国国君，姜姓，吕氏，名小白。在位时期任用管仲，选贤任能，齐国大治。号召"尊王攘夷"，多次会盟诸侯，成为中原霸主。桓公晚年昏庸，信用易牙、竖刁等小人，最终在内乱中饿死

扫地，没有人再听他的了，而北有北狄攻城灭国，来势汹汹；南有日益强大的楚国觊觎中原，妄图取代周王。正当中原礼乐文明告急之时，齐桓公站了出来，重新匡正天下秩序。打跑北狄，恢复了邢、卫这些差点被北狄灭了的诸侯国。齐桓公联系中原诸侯，迫使楚国臣服，重新恢复了周公立下的中原礼仪秩序，各国乱臣贼子不敢妄动。

天下人皆服齐桓之功德，特别是卫文公歌咏《木瓜》之诗，感谢齐桓公救卫复国、再立宗庙之举："投我以木瓜兮，报之以琼琚；匪报也，永以为好也。投我以木桃兮，报之以琼瑶；匪报也，永以为好也。投我以木李，报之以琼玖；匪报也，永以为好也。"一歌而三唱，要报答齐桓公对于卫国的恩德。《春秋公羊传》表彰说："南夷北狄交侵，中国不绝如线，桓公攘夷狄而救中国。"

九合诸侯，一匡天下，是齐桓之功也。不过，齐桓公本人也不是

什么德高望重的人，之所以能立此大功，多亏了管仲的帮助。所以，孔子数次称赞管仲曰"如其仁，如其仁"。有一个故事是说，齐桓公喝酒喝醉后，丢了帽子，他觉得丢人，三天不去上朝。管仲说："这是做国君的耻辱，您何不用搞好政事来洗刷它呢？"桓公说："您的意见多么好啊！"于是开仓周济贫苦的人，审查囚犯放掉轻罪的人。过了三天，民众就唱道："桓公为什么不再丢失帽子呢！" 这表明齐桓公为政颇有雄心壮志，但私生活却很放纵腐败。而管仲可贵的地方在于，他每每能在桓公消沉之时，重新激起齐桓公的志气，将坏事变为好事。不过，管仲去世之后，齐桓公就没有这么幸运了。

桓公四十一年（前645年），管仲重病，桓公问他："群臣中谁可以代你为相？"管仲说："了解臣下没有人比得上君主。"桓公说："易牙如何？"管仲回答："杀掉孩子来讨好君主，不合人情，不可以。"桓公说："开方如何？"管仲回答："背弃亲人来讨好君主，不合人情，难以亲近。" 桓公说："竖刁如何？"管仲回答："阉割自己来讨好君主，不合人情，难以亲爱。"管仲死后，齐桓公不听管仲的话，重用三人，三人专权。桓公四十三年（前643年），齐桓公重病，竖刁作乱，将桓公关在内宫，不给饭菜。结果桓公独自一人，活活饿死。这时齐桓公的五个儿子正忙着争夺君位，无人殓尸。一代霸主，竟如此下场，令人为之唏嘘感慨。此齐桓不知修身自砺，不知亲君子而远小人的教训；虽贵为霸主，亦不免焉。

正当此时，晋公子重耳结束了他长达19年的流亡生涯，在秦穆公的帮助下回到晋国，即位国君，从此晋国迅速强盛起来。晋文公在城濮之战击败楚国后，接替齐桓公成为霸主。

当时楚国非常强大，问鼎中原，中原诸侯为之惴惴不安。因此城濮之战的胜利意义十分重大，当晋国打败楚国的消息传到周都洛邑，周襄王还亲自到践土（今河南原阳西南）慰劳晋军。晋文公也趁此机会，在践土召集诸侯会盟，确立其霸主的地位。今天河南省荥阳县西北还有一个践土台，就是当年践土会盟的遗址。晋文公之后，一向强大的楚国终于成为霸主，此之谓"晋楚更霸，践土会盟"。

之后的吴王阖闾、越王勾践相次以武力威加中原而称霸，不过自称霸主而已，且是过眼烟云，无甚功德，与齐桓公、晋文公、楚庄王的地位已不可同日而语了。自晋文公之后，直到春秋结束，大抵上，中原诸侯都是承认晋国的霸主地位的。赵、魏、韩三家分晋，皆为战国初期的强国，可见春秋末年晋国之强盛，非他国可比。秦穆公与宋襄公有贤德而忧中国，也有史家列其为春秋之霸，虽然国力有限，不比齐桓、晋文。

总之，春秋的方伯霸主虽立功勋，然而文治武功与禹、汤、文、武、周公这些先代圣王相去甚远，尤其是在道德修为上，更是声名狼藉者，为儒家所不齿。因此孟子明辨王霸，孔子之徒，言必称仁义，而羞道齐桓、晋文之事。

小知识◎问鼎中原

鼎是指九鼎。相传夏禹铸九鼎,象征九州,夏商周三代奉为象征天子之位的礼器。

春秋时楚庄王北伐,并向周天子的使者询问九鼎的重量,言外之意即是要夺取周朝天下。公元前606年,楚庄王把楚国大军开至东周洛阳南郊,举行盛大的阅兵仪式。即位不久的周定王忐忑不安,派善于应对的王孙满去慰劳。庄王见了王孙满,劈头就问道:"周天子的鼎有多大?有多重?"王孙满委婉地说:"一个国家的兴亡在德义的有无,不在乎鼎的大小轻重。"庄王见王孙满拿话挡他,就直接说道:"你不要自恃有九鼎,楚国折下戟钩的锋刃,足以铸成九鼎。"王孙满说:"周室虽然衰微,但是天命未改,宝鼎的轻重,不是你所能过问的。"庄王不再强求,挥师伐郑,以问郑背叛楚国投靠晋国之罪。"问鼎中原"这个典故,就是这样得来的。

3. 刑法治世

《千字文》曰："何遵约法，韩弊烦刑。"将萧何与民生息的简政方略与韩非的烦刑苛法放在一起是很有意思的。萧何治汉中只是与民约法三章，可谓至简，但能取信于民，与民生息，使百姓生活安定，社会生产也得到发展。韩非烦刑苛政的法家思想是导致暴秦短命而亡的重要原因，韩非自己也身丧秦国，误身贻世，不思之甚也。

韩非本是韩国公子，好刑名法术，著《孤愤》《五蠹》《内外储》《说林》《说难》等十余万言，今辑为《韩非子》一书。秦王嬴政读到这些文章，大为感动，叹道："嗟乎！寡人得见此人与之游，死不恨矣！"可谓推崇备至，仰慕已极。秦王政不知这两篇文章是谁所写，于是便问李斯，李斯告诉他是韩非的著作。秦始皇为了见到韩非，便马上下令攻打韩国。韩王安本来不甚重用韩非，虽然韩非屡屡向他进谏。此时形势紧迫，韩王派韩非出使秦国。

秦王政见到韩非，非常高兴，相谈甚欢，但韩非最终并未得到秦王重用，可能跟韩非是韩国公子的身份有关。韩非曾上书劝秦始皇先伐赵缓伐韩，遭到李斯和姚贾的谗害。他们诋毁韩非说："韩非，韩之诸公子也。今王欲并诸侯,非终为韩不为秦,此人之情也。今王不用,久留而归之,此自遗患也,不如以过法诛之。"秦王政认可了他们的说法,下令将韩非入狱审讯。李斯派人给韩非送去毒药,让他自杀。韩非想向秦王自陈心迹,却又不能进见。秦王嬴政在韩非入狱之后颇感后悔,便下令赦免韩非,然而为时已晚,韩非已经死了。

韩非著书大论特论法、术、势,认为君王应明术而任势,以严刑苛法绳下,尤其是要操持奖惩之权,以驾驭臣下。他认为人性既非善,也非恶,而只是求利。因此,君主就应当利用这个特点因势导利,来行奖惩,使天下人皆为己用。他说:"法莫如显,而术不欲见。"意

秦始皇
秦始皇(前259~前210年),嬴姓,赵氏,名政。首位完成中国统一的秦朝的建立者。建立皇帝制度,废除分封制,代以郡县制,统一文字和度量衡,北击匈奴,南征百越,修筑万里长城。苛暴少恩,致使秦朝迅速灭亡。

思是说，法律条文一定要让大家知道，这样才能作为奖惩的根据，而君主统治群下的术，却千万不能让别人知道。尤其是君主的心思要隐藏起来，千万不能被臣下窥破，否则就会被臣下投其所好，牵着鼻子走了，所以他说："君无见其所欲。"

《史记》将韩非与老子合传，也许在司马迁看来，老子的《道德经》里就有很多类似的"术"，韩非子的一些讲法可以从《道德经》里找到。而司马迁的父亲司马谈在《论六家要旨》中就非常推崇道家，认为道家治国的方法可以收到事半而功倍的效果。当然，韩非的法家与道家的区别也是显而易见的。最重要的区别就是道家清静无为，以静制动，以寡制众；而韩非以术御人、以法绳人，用利益来调动百姓。在儒家看来，政治的目的不在于巩固君主的权威，而在于教化四方，使民臻于至善，最后君主才能做到垂拱无为而天下自治。韩非显然过于强调统治秩序的重要性了。如果君主只是以法术绳人，以势逼人，而不施仁义，不培养整个社会与人民的德性，结果不仅没有秩序，反而会置人于战争之中，天下大乱，因为没有人可以信任，人与人之间只有利益争夺。秦始皇学韩非，最终二世而亡，天下分崩离析，证明以法术治国而不行教化，不施仁义，统治是绝不会长久的。

萧何本是秦朝小吏，庸碌无所作为。后辅佐刘邦平定天下，建立汉朝，被评为第一功臣。秦朝一小吏缘何有此大能？当年刘邦攻克咸阳后，他接收了秦丞相、御史府所藏的律令、图书，掌握了全国的山川险要、郡县户口，显示了他的远见卓识，对日后制定政策和取得楚汉战争胜利起了重要作用。

其时，天下人苦于暴秦苛法久矣，刘邦还军霸上后，便召集诸县父老豪杰，向他们发布安民告示："秦国的父老者苦于秦朝苛法已经很久了，秦朝的法律规定凡是诽谤的人都要被灭掉家族，胆敢偶尔议论朝政的人都要被处死。之前我与诸侯曾约定,谁先进关中做王,我先进的关中,所以我该做王。现在我作为王,与你们约法三章:杀人者死,伤人及盗抵罪。"这样其余的秦法一并废除,只立"杀人者死,伤人及盗抵罪"三条。

楚汉战争时,他留守关中,使关中成为汉军的巩固后方,不断地输送士卒粮饷支援作战,对刘邦战胜项羽,建立汉朝居功甚伟,故刘邦以他为第一功臣。萧何采摭秦六法,重新制定律令制度,作为《九章律》,大大简化了秦朝的严刑峻法,而不再扰动百姓,与民生息,生产得到发展,汉朝由此富强起来。是谓"何遵约法"。萧何死后,曹参继任丞相,亦主张清静无为不扰民,遵照萧何制定好的法规治理国家,使西汉政治稳定、经济发展、人民生活水平日渐提高。他死后,百姓们编了一首歌谣称颂他说:"萧何定法律,明白又整齐;曹参接任后,遵守不偏离。施政贵清静,百姓心欢喜。"史称"萧规曹随"。

4. 战国名将

战国是乱世，诸侯相争，战争频繁而残酷。自古治世出良相，而乱世出名将，其中当数秦赵两国，良将最多。《千字文》上说："起翦颇牧，用军最精；宣威沙漠，驰誉丹青。"即谓秦有白起、王翦，赵有廉颇、李牧，并称战国四大名将，他们的威名远扬沙漠，驰誉史册。

白起（？～前257年），芈姓，白氏，名起，楚白公胜之后。春秋时期楚君僭称王，大夫、县令僭称公，白起为白公胜之后，故又称公孙起。白起号称"人屠"，为秦国名将。郿县（今陕西眉县常兴镇白家村）人。白起行伍出身，从最低级的小吏做起，以战功升至三军统帅，封为武安君，创造了许多著名的战例，而其中最突出的当数秦赵长平之战。攻六国城池大小约90余座。从昭襄王十三年（前294年），白起做左庶长开始，攻城略地，南征北战，攻无不克，战无不胜。此言绝非夸张虚构，史书上从未记载过他攻城没攻下的，打仗没打赢的。因为白起的存在，六国不敢攻秦。《后汉书》记载，白起死后，东方六国闻讯，诸侯皆酌酒相贺。

白起一生领兵百战百胜，共歼灭六国军队100余万。据梁启超考证，整个战国期间共战死200万人，被白起打败致死的就占了二分之一以上。他所指挥的战争规模之大、战斗之残酷，别说那个时代了，后世也鲜有能比者！白起这样战功空前的战将的出现，也与他处于秦国即将统一天下的历史阶段有关。秦昭襄王就评价他说："君尝以寡击众，取胜如神，况以强击弱，以众击寡乎？"正是秦国的强大，造就了这样

白起

白起（？～前257年），芈姓，白氏，名起，楚白公胜之后。白起号称"人屠"，战国时期秦国名将

的战将，而也因为这么出色的战将，造就了秦国的强大。

从正面说他是助秦统一天下的战将，战功第一，无人能及；而从反面说，他却是杀人魔王，仅长平一役，坑杀赵国降卒40余万，令人胆战心惊。简直都不知道他在古代那样简陋的条件下，到底是怎么实施的。《史记》载："前后斩首虏四十五万人。赵人大震。"何止赵人大震，面对这样可怕的将军，天下人都会感到恐怖。后来，白起因国内政治斗争失利而死。秦王派使者赐宝剑令其自尽，一开始他非常不服，曰："我何罪于天而至此哉？"但是，过了好一会儿，他说了这样一段话："我固当死。长平之战，赵卒降者数十万人，我诈而尽坑之，是足以死。"白起自己也知道天道至公，沾满鲜血的双手，早晚也都是要还回去的。于是他便自杀了。

王翦
战国末期秦国大将军,与其子王贲在秦统一六国的战争中立有大功

白起著有兵书《阵图》一卷和《神妙行军法》三卷,已失传。

王翦是继白起之后秦国的又一位名将。与其子王贲在辅助秦始皇兼灭六国的战争中立有大功,除了韩国早就灭亡了之外,其余五国竟然均为王翦父子所灭。王翦一生征战无数,战必胜、攻必取,他智而不暴、勇而多谋,在当时杀戮无度的战国时代,尤其是和白起比起来,显得极为可贵。

起初,秦王嬴政想灭楚国,宠信将军李信。李信曾领兵数千,追击燕太子丹至衍水,最终击破燕军,虏获太子丹,这足以说明李信的骁勇善战。秦王问他灭楚需多少军队,李信回答道20万即可。秦王又问王翦,王翦道:"非60万不可。"秦王说:"王将军老矣,何怯也!李将军果势壮勇,其言是也。"意思是说王将军您已经老了,这么怕楚国,不如李将军果敢。然后就让李信领军20万去攻打楚国,而王翦就告老回频阳老家养病去了。结果李信失败而还,这时候秦王才意识到王翦的见解才是正确的,于是亲自去频阳请王翦回来挂帅出征。王翦率60万大军再次攻楚,终于灭了楚国。王翦临行前,问秦王要田地美宅。秦王说,你去吧,这么大的功难道还会穷吗?王翦说,以前也有功臣没有封侯的,我趁着大王还信任我的时候,给我的子孙多要些田地,以作准备。秦王听了大笑,就答应了。

表面看起来，似乎王翦太小气了，横扫天下的将军，居然以屯田置产为务，而这就是王翦的聪明之处。但这聪明只是小聪明。他的孙子王离又做了秦朝的将军，而这时秦朝大势已去，王离死于项羽之手。这是王翦所没有想到的。司马迁在《史记》中评论说："王翦为秦将，夷六国，当是时，翦为宿将，始皇师之，然不能辅秦建德，固其根本，偷合取容，以至笯身。及孙王离为项羽所虏，不亦宜乎！"如果王翦能"辅秦建德，固其根本"，施仁义于天下，而不是以苛法害天下，秦朝又怎么会二世而亡呢？王翦的子孙又何忧之有？王翦之谋只及其身，而不及天下与后世，故史迁责之。

廉颇（前327～前243年），赵国的将军。廉颇与蔺相如负荆请罪的故事大家都很熟悉了，这个故事的主角是蔺相如，廉颇知错能改，

负荆请罪
廉颇与蔺相如同为赵国大臣，廉颇为蔺相如无军功而位在己上而心生怨怒。蔺相如以大义晓之，廉颇自知其过，便背负荆条，向蔺相如登门请罪。蔺相如以礼相待，二人终成莫逆之交

也让人佩服。现在让我们来看一看廉颇作为将军的厉害。

当时秦国是赵国最为强劲的敌人，赵弱而秦强，赵国时刻存在着亡国的危险。幸而当时赵国有两位名将，这就是廉颇和赵奢，而赵奢已经老了，只剩廉颇是赵国的王牌。面对强秦，赵王决定以攻为守，派廉颇主攻出击，进攻秦国。自然地，攻秦无果，廉颇退了回来，与强大的秦军在长平那个地方相持不下。秦军多次挑战，廉颇都坚守不出，两军就这样相持了多年。秦国知道只要有廉颇在，赵国就很难攻下，于是派间谍跟赵王说，秦国最害怕的是赵国名将赵奢之子赵括。而赵括这个人读了些兵书就自负得不得了，也吹嘘秦军不是他的对手。赵王竟然听信了间谍的话，使赵括去接替廉颇。秦将白起听到这个消息，大喜过望，使出佯兵之计，击败赵括，坑杀赵卒45万。这就是震惊天下的长平之战。

秦军在长平击败赵军之后，进围赵都邯郸。敌众我寡，幸有廉颇、乐乘等将军的指挥，顶住秦军的进攻，等来齐、魏、韩三国援军，迫使秦军撤退。

廉颇虽然英勇善战，是一位出色的良将，但后来在赵国却并不受重用。赵襄王听信了奸臣郭开的谗言，解除了廉颇的军职，派乐乘代替廉颇。廉颇于是离赵投奔魏国大梁。廉颇去大梁住了很久，魏王虽然收留了他，却并不信任和重用他。赵国因为多次被秦军围困，赵王想再任用廉颇，廉颇也想再被赵国任用。赵王派遣使者宦官唐玖带着一副名贵的盔甲和四匹快马到大梁去慰问廉颇，看廉颇还是否可用。廉颇的仇人郭开却唯恐廉颇再得势，暗中给了唐玖很多金钱，让他说廉颇的坏话。《史记》记载："赵使者既见廉颇，廉颇为之一饭斗米，肉十斤，被甲上马，以示尚可用。赵使还报王曰：'廉将军虽老，尚善饭，然与臣坐，顷之三遗矢矣（就是上了三次厕所）。'赵王以为老，遂不召。"廉颇也就没再得到为国报效的机会，最终客死楚国。

李牧也是赵国的将军，略晚于廉颇。李牧之成名，主要功绩在于抗击北方的匈奴。自周以来，中原一直遭到北方游牧民族的威胁，需要内地的诸侯联合起来才能打退。而到了战国后期，北方的游牧民族愈加强盛，对中原的掠夺也越发频繁，而当时首当其冲的就是赵国。北方防务牵制了赵国相当的精力。自赵武灵王胡服骑射以来，赵国的

李牧
李牧（？～前229年），战国时期赵国柏仁（今河北邢台隆尧）人，赵国名将。李牧战功显赫，尤以抗击匈奴著称

军事也非常强大，完全不怕匈奴。李牧原先一直负责北部边防。他将边防线的烽火台加以完善，派精兵严加守卫，同时增加情报侦察人员，完善情报网，及早预警。

为了提高部队战斗力，李牧花了很多心思，他密切官兵关系，厚遇士卒，每天宰杀几头牛犒赏，让兵士精练骑马射箭战术，全军战士由于得到厚遇，士气高昂，人人奋勇争先，愿为国家出力效劳。针对剽悍的匈奴骑兵机动灵活、战斗力强及以掠夺为主要作战目的，军需全靠抢掠的特点，为使骚扰的敌方骑兵徒劳无功，他命令坚壁清野，并示弱于敌，以麻痹强敌，伺机歼敌。为此，严明军纪："匈奴入盗，急入收保，有敢捕虏者斩。"所以每当匈奴入侵边境，烽火台一报警，李牧即下令士兵立即收拾物资退入城堡固守，从不出战，使匈奴无从掳掠。

这样过了几年，李牧没有人员伤亡，也没有损失过物资。李牧此

策虽然收效非常好,而且也能迷惑和麻痹敌人,但也容易引起赵王的不理解,为何不领军出关杀敌呢?赵国边兵们亦在下面窃窃私议,以为李牧胆小怯战,有的甚至愤愤不平起来。李牧一意坚守不主动出击的消息传到赵孝成王那里,赵王派使者责备李牧,要李牧出击。李牧老谋深算,意欲放长线钓大鱼,也不作解释,我行我素,依然如故。匈奴一来,即深沟高垒,坚守不出。匈奴往往满怀企望而来,却一无所获而归。

赵王对李牧一味防守的做法很不理解,便把李牧召了回来,派另外一员将领来替代。新将领一到任,每当匈奴入侵时,就令军队出击。几次下来都失利了,人员伤亡很大,而且边境不安,百姓没有办法耕种和放牧。赵王只得又派使臣去请李牧复职,李牧这时闭门不出,坚称有病,不肯就任。赵王这个时候也许明白了李牧是为什么,于是再请李牧主持北方的防务。李牧这时不失时机地对赵王说:"王必用臣,臣如前,乃敢奉令。"赵王答应了。

李牧回到雁门边关,一如往前,下令坚守。几年内匈奴多次入侵,都一无所获,但总以为李牧胆小避战。其实李牧早已经定下诱敌深入,设伏包歼的计谋。公元前244年的春天,一切准备就绪之后,李牧让百姓满山遍野去放牧牲畜,引诱匈奴入侵。

不久,情报员来报告,有小股匈奴到了离边境不远的地方。李牧只派了一小支部队出战,佯败于匈奴兵,丢弃下几千名百姓和牛羊作诱饵让匈奴俘虏去。李牧对接下来将要发生的事情胸有成竹。匈奴单于听到前方战报,十分高兴,好多次没有侵获赵国什么东西了。于是率领大军侵入赵境,准备大肆掳掠。李牧从烽火台报警和情报员报告中熟悉了敌情,早在匈奴前来的路上埋伏下奇兵,只待匈奴大部队的到来。

汉砖画像：匈奴骑兵
展现了匈奴骑兵的各种仪态。山东省博物馆藏

匈奴大军来了之后，李牧先用战车阵从正面限制、阻碍和迟滞敌骑行动，步兵集团居中阻击，弓弩兵轮番远程射杀，而将骑兵及精锐步兵控制于军阵侧后。当匈奴军冲击受挫时，李牧乘势将控制的机动精锐部队由两翼加入战斗，发动钳形攻势，包围匈奴军于战场。一整天的会战很快演变成一场对匈奴的追歼屠杀。十万匈奴骑兵全军覆没，匈奴单于仅带了少量亲随仓皇逃窜。

这一战充分显示了李牧过人的军事才能。李牧大败匈奴之后，又趁胜利之势收拾了在赵北部的匈奴属国，灭襜褴、破东胡、收降林胡，迫使单于向遥远的北方逃去，完全清除了北方的忧患。李牧也因此成为继廉颇、赵奢之后赵国的最重要的将领。

小知识◎辛弃疾

辛弃疾（1140～1207年），南宋词人。字幼安，别号稼轩，历城（今山东济南）人。出生时，中原已为金兵所占。21岁参加抗金义军，不久归南宋。历任湖北、江西、湖南、福建、浙东安抚使等职。一生力主抗金。其词抒写力图恢复国家统一的爱国热情，倾诉壮志难酬的悲愤，对当时执政者的屈辱求和颇多谴责。风格沉雄豪迈又不乏细腻柔媚之处。辛弃疾身当国难之时，大片国土沦丧于金人之手，他从小就在沦丧区的敌我斗争环境中长大，以弱冠之年手刃敌寇而归南宋，非常渴望国家复兴，统一天下。因此辛弃疾多么希望能有廉颇这样的良将为国出征，但在现实面前，辛弃疾清醒地意识到壮志难酬，雪耻无望。他在词中感叹道："廉颇老矣，尚能饭否？"

九 生活

《千字文》述完历史,作者以闲淡的笔调转入生活描写,使人感到温馨而亲切。古人对生活情致比现代人更为讲究,所以创造了让现代人感叹不已的生活方式。如今我们只有在读古诗词的时候,才能细细品味到古人的高雅之处。

1. 治本于农

《千字文》曰："治本于农，务兹稼穑。"中国自古以来，治世以农为本。《尚书》是自古以来治国之宪法和典范。上面记载了武王克商之时，武王向箕子请教为政之治，箕子告之以九事，其中的五行与农用八政皆以农为本。五行："一曰水，二曰火，三曰木，四曰金，五曰土。水曰润下，火曰炎上，木曰曲直，金曰从革，土爰稼穑。润下作咸，炎上作苦，曲直作酸，从革作辛，稼穑作甘。"这里面说的都是农作之事。"八政：一曰食，二曰货"，食者，民以食为天，一日不食，则民饥荒；货者，通民之有无，与民为利。后世遵《尚书》为治国之无尚法典，而箕子所陈《洪范》一篇更是法典中的法典，对后世治国理念有决定性的影响。

《易传》叙述了中华文明自远古以来是如何兴起的，里面说："包羲氏没，神农氏作，斫木为耜，揉木为耒，耒耨之利，以教天下，盖取诸益。"在神农以前，人们还只是靠捕鱼打猎、采摘野果来填肚子；即便有农作，也只是"刀耕火种"。这种耕作方式没有固定的农田，已经枯死或风干的树木被火焚烧后，农民就在林中清出一片土地，用掘土的棍或锄，挖出一个个小坑，投入几粒种子，再用土埋上，靠自然肥力获得粮食。当这片土地的肥力减退时，就放弃它，再去开发另一片，所以称为迁移农业。这是一种生产力极为低下的耕作方式。而神农氏教人们制作耜、耒之类的农具，从百草中分辨出谷物和草药，以供人们种植，使人们开发出固定的农田，而得以安居乐业，不再像游牧那样四处迁徙。定居的生活方式相比较于迁徙具有质的发展，房屋、城市的建造开始出现，社会组织也更加发达，人类文明才具有进一步发展的可能。

《孟子》一书所论仁政，最基本的也在于："不违农时，谷不可胜食也；数罟不入洿池，鱼鳖不可胜食也；斧斤以时入山林，材木不可胜用也。谷与鱼鳖不可胜食，材木不可胜用，是使民养生丧死无憾也。养生丧死无憾，王道之始也。五亩之宅，树之以桑，五十者可以衣帛矣；鸡豚狗彘之畜，无失其时，七十者可以食肉矣；百亩之田，勿夺其时，数口之家可以无饥矣；谨庠序之教，申之以孝悌之义，颁白者不负戴于道路矣。"君不扰民，而导民以时农耕，则一年到头就会有收成，然后才可以"谨庠序之教，申之以孝悌之义"，这样就可以成就王业。

古代社会男耕而女织，古语有云："一夫不耕，或受之饥；一女不织，或受之寒。"从小的方面来说，要勤俭持家，才能吃饱穿暖；从大的方面来说，一个国家，男女皆当就业，如果大量失业，则社会生产就会不足，国家用度就匮乏，因而民众就可能遭受饥寒了。

中国一直以来以农立国，而不像古希腊那样以工商业为主，这不仅是由于中原地区土地肥沃，适于农耕，而且是由于在儒家看来，农耕的生活自食其力，劳而后获，多劳多得，不劳不得，最符合正义，能够培养一个人笃实敦厚的品格；而商业贱买贵卖，赚取差价，唯利

纺车图
宋代王居正绘，描绘古代妇女在家纺织的情景

是图，最无信义，容易使一个人狡诈虚伪，故为儒家所轻视。《孔子家语》里记载了孔子的学生宓子贱的一个故事，典型地反映了这个道理。

孔子的学生宓子贱为季氏担任单父宰，就是单父这个地方的长官。有一年秋天齐国来攻打鲁国，要从单父这个地方经过，齐强而鲁弱，宓子贱坚守单父，避门不出。当时城外的麦子已经熟了，所以单父的长老就请求宓子贱先让大家出城把麦子抢收回来，不然都被齐国人给抢去了。宓子贱却拒绝了，结果单父一年的收成果然就没有了。

季氏听说此事之后就派人来责备宓子贱，说农民们辛苦了一年，到头来却没有收成，又要忍受饥寒。而宓子贱回答道："今兹无麦，明年可树。若使不耕者获，是使民乐有寇。且得单父一岁之麦，于鲁不加强，丧之不加弱。若使民有自取之心，其创必数世不息。"意思是说，今年虽然没有麦了，明年还可以再种。若是今年去把麦抢回来，必然会有没种庄稼的人却抢到了很多粮食，这让他们不劳而获，他们肯定

八百里洞庭
洞庭湖本是华南第一大湖,湖面广阔,波澜凌凌,景色壮丽。无数文人骚客过洞庭则凭栏而赋。《千字文》云:"昆池碣石,钜野洞庭。"

就会盼望再有强盗来。这样就会让百姓的本性堕落变坏。对于鲁国来说,损失了单父一城的收成,算不了什么,而若使单父之人都盼望不劳而获,这对教化的伤害是几十年、上百年也难以挽回的呀。季氏听了宓子贱的话后就觉得很惭愧。季氏只为经济利益计,而宓子贱更是看到了民心向善还是向恶,这才是更重要、更长远的事。

从这个例子可以看出,儒家非常强调作为一个人,一分付出则一分收获,如果劳而不获则会伤害勤劳的百姓,而如果不劳而获则后果更严重,就会使人不再诚实劳动,而是挖空心思去尔虞我诈,用非法手段来谋取利益。如果是这样子,人们就不会有敦厚善良的品格。因此,儒家重农桑而轻工商，认为工商业通过投机取巧、诈伪无信来谋得更多利益，会使社会风气变坏。我们现在不再以农耕为主，而是市场经济条件下的商业社会。在经济高度繁荣的同时，社会道德却在不断地沦丧。虽然民商法越来越严密，但人们的生活日益空虚、腐败与低俗，却难以再挽回了。

2. 生活情致

《千字文》以"治本于农"引出下文,用很大的篇幅详尽地描绘了古人的农耕生活世界。

"俶载南亩,我艺黍稷","俶"是开始的意思,"载"是从事,"南"是向阳的方向,"亩"是田亩,"艺"是种植、耕耘。所以合起来意思就是:在向阳的田亩里,我开始种植黍稷之类的庄稼。

我们现今的主食以小麦与水稻居多,小麦可制面粉而水稻可碾成大米。水稻与小麦的种植起源甚早。《论语》有云:"四体不勤,五谷不分。"何谓五谷?稻、黍、稷、麦、菽。

稻是水稻,南方种植比较多,因为水稻需要更多的热量和水分。不过东北大米却很好吃,是因为生长期更长。

黍,俗称黄米,其籽实煮熟后有黏性,可以酿酒、做糕。由于不利于消化,现在也基本上不用"黍"作为主食了,但在先秦非常普遍。古代的"禾"字,一般就是指黍的苗。

稷,即是通常所说的小米,又称粟。其耐旱,品种繁多,俗称"粟

南方的稻田
郁郁葱葱，掩映在青山之间

有五彩"，有白、红、黄、黑、橙、紫各种颜色的小米。中国最早的酒也是用小米酿造的。粟适合在干旱而缺乏灌溉的地区生长。稷在先秦也是一种非常重要的主食，所以人们为稷立了一个社，称"社稷"，每年春天国君都要前来祭祀。所以后世就借"社稷"来指某姓的王朝与天下江山了。现在主食基本上不用"稷"了，不如面粉、大米好吃易消化。

麦是小麦，现今依然是北方人的主食。菽是豆类的总称。汉字非常有意思，豆以前不叫豆，而叫菽。豆这个字也很古老，是古代一种盛食物的器皿，主要用于祭祀，即所谓"笾豆"。《论语》载：曾子言曰："鸟之将死，其鸣也哀；人之将死，其言也善。君子所贵乎道者三：

动容貌，斯远暴慢矣；正颜色，斯近信矣；出辞气，斯远鄙倍矣。笾豆之事，则有司存。"笾、豆本来都是指祭祀中盛放祭品的礼器，便被借来指代祭祀之事。

《千字文》接着说："税熟贡新，劝赏黜陟。""税熟贡新"说的是百姓，而"劝赏黜陟"说的是官员。庄稼熟了，上交一部分给国家叫"税"，这是"税"的本义，所以"税"是禾字旁，不像现在纳税都是以货币结算。早在几年前，我国的农民交粮食税，也还是向粮所称粮食去交呢。"贡新"是每年稻初熟时，将新米贡给上级尝新。如今民间也有尝新的习俗。每年六月初六，水稻初熟，采集一些做成新米，先贡奉先祖，然后撤下来请家中最年长的长辈先尝。"劝赏黜陟"是国家根据地方该年的农作物收成如何来行奖惩。秦汉有大农丞，唐宋有劝农使，每到农忙季节巡行乡里，劝课农桑。并根据实际考核对农户予以奖惩，对官吏则行官职的升降黜陟。

每年有了收成，则可以进行"祭祀烝尝"了。祭、祀、烝、尝合起来都是讲祭祀之事，真正说来，祭、祀、烝、尝各各不同。大凡而论，祭祀的对象分有三类：一曰天神，二曰地祇，三曰人鬼。天神称祀，地祇称祭，宗庙称享。人鬼即是亡故的祖先，人们为先祖立有宗庙。"神不歆非类，民不祀非族"，祭祀有严格的等级界限。天神地祇只能由天子祭祀，诸侯大夫可以祭祀山川，士庶人则只能祭祀自己的祖先和灶神。现今人人平等，也没什么天子诸侯大夫之类了，人人皆是庶人，所以大家只祭自己的祖先。至于天地、山川，则无人祭祀了。现今什么时候祭祀也没那么多讲究，清明节、寒食节、端午节、中元节、重阳节、除夕日都是祭祖日。

汉代董仲舒的《春秋繁露》有云："享鬼神者号一曰祭。祭之散名，春曰祠，夏曰礿，秋曰尝，冬曰烝。"这就是说，敬奉鬼神的名称之

江山社稷亭
北京故宫乾清宫前。社稷本用来祭祀,到这里只有象征天下江山的意义了

一叫作"祭","祭"在不同的季节有不同的名称,春季祭祀叫作"祠",夏季祭祀叫作"礿",秋季祭祀叫作"尝",冬季祭祀叫作"烝"。"烝尝"一词取自冬季的"烝"和秋祭的"尝",即用部分代表全体,以指一年四季的祭祀。古时祭祀先祖可以在春夏秋冬任何一季,后来逐渐改到春秋两季,也有只在春季祭祀的。

祭完先祖,然后就可以自己吃了。"具膳餐饭,适口充肠","膳"是月字旁,本指肉食,后来也在宽泛意义上指食物了;"饭"则是主食类的。吃饭一要合口,二要吃饱,故称"适口充肠"。"饱饫烹宰,饥厌糟糠","饫"是吃得很饱,不想再吃了。人一旦吃得太饱,哪怕是杀牛宰羊,精心烹作的丰盛美食也不想再吃了,而当我们饥肠辘辘时，哪怕是"糟糠"，也很满足。厌，是满足的意思，而不是讨厌。如果理解成讨厌，意思就完全弄反了。所以读古书时一定要以古义去解，而不能以现在的含义去想当然。

"亲戚故旧，老少异粮"，这是讲亲戚故旧一定要款待，老人与小孩子尊卑不同、身体特点也不一样，因此应该在饮食上注意区分。我国古代尤重尊敬长者。《礼记·王制》中规定："五十异粮，六十宿肉，七十贰膳，八十常珍，九十饮食不离寝，膳饮从于游可也。"到了50岁，始称长者，而脾胃始衰，其饮食就要与少壮者有所不同了。年轻人脾胃好，可以吃得粗疏一点，而50岁以上，则要求食物精细些。60岁非肉不饱，"宿肉"是指素常都要准备好肉食了。70岁不只是要

惠山茶会图（局部）
明代文徵明绘，展现了古代士大夫悠闲而儒雅的生活。故宫博物院藏

有肉食，还要另行准备其他佳肴。80岁则可以吃些平时难得一见的珍稀补品之类。90年岁已经高寿，食无定处，不管在床上还是在外面，都要随时准备饮食侍奉。这是中国传统对年长者的尊敬与照顾，而现今，家里凡有好吃的，恐怕不是给长辈吃，多半是给小孩吃了。

《千字文》继续说道："妾御绩纺，侍巾帷房。"这是在古代人家，有妻有妾。丈夫在外务公或耕作，妻妾则要在家纺线针织。丈夫回来后，作为妾则要侍奉其饮食起居。"纨扇圆洁，银烛炜煌；昼眠夕寐，蓝笋象床"，则细致地描绘了生活所用的"纨扇""银烛"，以及卧具的讲究。"蓝笋"是指嫩竹篾织的席子，再用蓝草染成青色，非常贵重，而用象牙装饰的床就更值钱了。

小知识◎社稷

社，古代指土地之神，按方位命名：东方青土，南方红土，西方白土，北方黑土，中央黄土。五种颜色的土覆于坛面，称五色土，实际象征国土。古代又把祭土地的地方、日子和礼都叫社。稷，指农作物之神后稷，这是农业之神。因此社稷就是祭祀土地神与谷神的地方。依周礼，国君而且只有国君可以祭社稷，后来就用"社稷"代指"国家"，所以叫江山社稷。

3. 技巧佳妙

古代的生活在用器方面,比现代自然要原始很多,毕竟古代没有像现代这么庞大而先进的工业生产体系。而现代的很多工艺,当然也是在古代的基础上加以改进的。生产力就是这样一步一步发展而来的。古代的器具所用,都只是靠人力利用有限的工具来完成的,但也产生了一大批做工相当精良的器物。在手工艺术方面,古代自有其独到之处。例如景德镇的瓷器,就是不可逾越的艺术高峰,更不用说书画篆章之精妙了。

《千字文》里提到:"布射僚丸,嵇琴阮啸;恬笔伦纸,钧巧任钓。"许多人可能对这里所讲的东西比较陌生,只有"伦纸"所指的蔡伦造纸举世皆知。"布射"之"布"是指吕布,"射"是射箭。这里是称赞吕布射箭技术之高超。

《三国演义》里面讲了这样一个故事。汉末诸侯争雄,吕布与刘备当时俱在徐州。袁绍之弟袁术派纪灵率10万大军前来攻打刘备。袁术希望吕布不要插手此事,派人给吕布送去粮草和密信,要吕布按兵不动。刘备考虑到自己兵力不足，也写信求助吕布。吕布收了袁术的粮草，又收了刘备的求援信，他想：我若不救刘备，袁术得逞后我也危险；若我救刘备，袁术必恨我。于是，吕布让人把刘备和纪灵同时请来赴宴。吕布坐在刘备和纪灵中间，吩咐开宴，刚吃几杯酒，吕布说："看在我的面上，你们两家不要打了。"纪灵不肯。吕布大叫一声："把我的画戟拿来！"刘备、纪灵都吓了一跳，他们都见识过吕布过人的勇力，所谓人中吕布，犹如马中赤兔。吕布又说："我把画戟插到辕门外一百五十步的地方，如果我一箭射中画戟的枝尖，你们两家就不要打了。如果我射不中，打不打我就不管了。"

这么远，要射中这么小的东西自然不容易。纪灵希望射不中，刘备希望能射中。吕布叫人端上酒来，各自饮了一杯，酒毕，取出弓箭，搭箭拉弦，只听"嗖"的一声，吕布大喊："着！"那箭不偏不倚，正中画戟的枝尖。在场的人无不喝彩。吕布把弓扔在地上，笑着说："看来老天也不愿意让你们打仗啊！"就这样，吕布以他精湛的箭法平息了一场厮杀。这就是辕门射戟的故事。

"布射僚丸"中的"僚"指楚国一个非常有名的勇士，叫熊宜僚。据说他"善于弄丸为戏，可敌五百人"。所谓"弄丸"就是指抛铁丸的游戏，据说他一只手同时可以抛玩九个铁丸，比现在耍杂技的演员厉害多了。有一次，楚国与宋国交战，熊宜僚就在阵前抛丸，宋国士兵竟然都看呆了。楚军趁机掩杀过来，宋军大败。

如果这是楚军计谋的话，这计谋也太异想天开了，而宋军居然也能上当，只能说，熊宜僚抛丸之戏实在是太精彩了。

如果说前面所说的特长只是特技罢了，而"嵇琴阮啸"却是文人雅士也引为美谈的。嵇康是西晋时的名士，善弹琴赋诗，是著名的"竹林七贤"之一。正始末年与阮籍等竹林名士共倡玄学新风，主张"越名教而任自然""审贵贱而通物情",为"竹林七贤"的精神领袖。曾娶曹操曾孙女,官曹魏中散大夫,世称嵇中散。后因得罪钟会,为其构陷,而被司马昭处死。嵇康通晓音律,尤爱弹琴,著有音乐理论著作《琴赋》《声无哀乐论》。他所弹奏的《广陵散》一曲更是千古传诵。

《世说新语》载,嵇康在东市临刑前,神气不变,要来一张琴来弹奏,奏的是《广陵散》。弹完之后,嵇康说道:"袁孝尼曾经向我请求学这首曲子。但是我没有教给他,从此以后,《广陵散》就绝迹于人世了。"太学生3000人一齐向晋文王上书,请求让嵇康做太学的老师,但没被准许。后来司马昭自己也后悔了。

金庸先生的武侠小说《笑傲江湖》里也以《广陵散》为曲中绝品,故向问天以此来诱惑"梅庄四友"中的黄钟公。可见《广陵散》一曲在世人心目中的地位之高。今天流传的《广陵散》古琴之曲,系后人所造,非嵇康所奏之曲了。

"阮啸"是指阮籍善于"啸"。啸是道家一种吐纳练气的内功法门。阮籍向隐士苏门先生孙登学得此法。阮籍与嵇康是好友,同为"竹林七贤"之一。阮籍最是真性情之人。其时名教之礼制甚严,而阮籍不以为意,他说:"礼岂为我设哉?"意思是圣人所设的礼,难道是为了我吗?阮籍看透了名教之礼的虚伪,然而他自己的本性却无处不合礼。他纯然是个孝子,母亲去世的时候,他至为哀痛,为之吐血数升。阮籍嗜烈酒、善弹琴,喝酒弹琴往往复长啸,得意时忽忘形骸,甚至即刻睡去,可谓"我今欲眠君且去,明朝有意抱琴来"。"竹林七贤"洒脱不羁的风度让后人景仰,而其代表人物——阮籍,更是令人为之折服。有人甚至这样评价:魏晋时代失去了阮籍,整个时代将会黯然失色;有了阮籍,魏晋时代才能让人遐思神往。

忘我弹琴的嵇康

嵇康(224~263年),字叔夜,三国时期魏国谯郡铚县人。著名思想家、音乐家、文学家。

九 生活 | 129

"恬笔伦纸，钧巧任钓"，是指秦朝大将蒙恬所制的毛笔和蔡伦所造的纸，三国时的马钧有很多奇巧的发明，而任公子投竿东海钓到一条硕大无比的鱼，让我国东南部的所有百姓都饱餐了一顿。蒙恬、蔡伦、马钧之徒，其事可称，而其人平平，无甚奇伟处，故此不称。任公子钓鱼是《庄子》里的一则寓言。《庄子·外物》中载：

> 任公子为大钩巨缁，五十犗以为饵，蹲乎会稽，投竿东海，旦旦而钓，期年不得鱼。已而大鱼食之，牵巨钩，錎没而下，骛扬而奋鬐，白波如山，海水震荡，声侔鬼神，惮赫千里。任公得若鱼，离而腊之，自制河以东，苍梧已北，莫不厌若鱼者。已而后世轻才讽说之徒，皆惊而相告也。夫揭竿累，趣灌渎，守鲵鲋，其于得大鱼难矣。饰小说以干县令，其于大达亦远矣，是以未尝闻任氏之风俗，其不可与经于世亦远矣。

任公子不钓则已，一钓则钓了这么大的一条鱼。这条鱼究竟有多大呢？当这条鱼动起来的时候，"白波如山，海水震荡，声侔鬼神，惮赫千里"。任公子让半个天下的人都饱餐了一顿。这可能是有文字记载的最为雄伟的大鱼了。当然，这是庄子的比喻而已。庄子的意思是说，你们这些求名逐利的世俗中人，怎么能够理解出世高人呢？你们与他相比，就是江河里的小鱼虾与这位任公子所钓的大鱼相比一样。所以庄子接着说："饰小说以干县令，其于大达亦远矣，是以未尝闻任氏之风俗，其不可与经于世亦远矣。"你们弄了些不经之辞求得了一个县官，与达道之士比起来，可差得远呢。所以任公子这样的奇伟之士，远远不是求利禄的经世之俗。

小知识◎《庄子》

　　《庄子》是战国时期的一部道家经典著作，阐述庄子的思想，对后世有巨大影响。庄子思想以逍遥为宗旨，而以世俗为束缚。论旨宏畅而深远，放荡不羁，漫无涯涘。庄子之学以自由为核心。此自由不是今天所说的法律意义上的人身自由，而是生命的大自由，无所不适，无所不安。《庄子》取得了极高的思想文学艺术的成就，创造了无数经典形象与典故，其寓言充满想象力。《庄子》虽归为道家，但无数儒者也对庄子所描述的真人，乃至于至人非常向往。甚至也有人认为庄子其实本是儒门中人，只是过于狂放而脱世俗之藩篱，返天地之自然，而得真际。

4. 索居闲处

在《千字文》最后一节里，作者向我们展现了我国传统闲情适意的生活情境。这是一幅优美的生活画卷。主人公厌倦了仕旅生涯，辞官回到故里，回到山林之中。有亲朋好友前来欢聚，在林园中赏玩。这林园春有百花，夏有渠荷，秋有"枇杷晚翠"，冬有"梧桐蚤凋"。落叶在寒风中飘落，鹍鹏高翔云霄……

对于一名农夫来说，山野就是他的耕耘之所，生于斯，长于兹，就是他的全部世界，并不见得有什么特殊之处。而对于长期混迹官场的文人来说，回到山林之中，却犹获重生。山林世界只是一个自然。日出而作，日入而息，凿井而饮，躬耕而食；人如野鹤，心似浮云，还有什么可忧愁的呢？官宦的政治世界显然并不自然，那里有太多的心机陷阱，波谲云诡。得宠时青云直上，风光无限；失意时尝尽世态炎凉有谁怜。君子与小人斗，往往是小人得志，这真是儒家的无奈。所谓学而优则仕，怀着一颗弘毅的心，以仁为己任，虽任重道远而不辞。而当在官场摸爬滚打多年以后，才发现世事有太多的无奈。

江苏无锡寄畅园
古代士人最理想的生活,就是寄身于这样风景秀丽的园林之中,游心神外,得大自由

　　《千字文》上说:"聆音察理,鉴貌辨色。"君子修身,要时刻谨慎持重,听其言,察其理,鉴其貌,辨其奸。而人在官场,"鉴貌辨色"则有着更为丰富的含义,不只是要鉴人,知其贤愚忠奸,更要审时度势,看清形势站好队,否则别说升官了,是否保得了身也都是个问题。《千字文》上接着说:"宠增抗极,殆辱近耻。"受宠时隆恩到了极至,这就表明你离辱和耻就不远了。"抗"即是"亢","亢龙有悔"之"亢"。吕氏时吕姓封王,一朝权去身名俱裂。更有多少功臣,狐兔尽、走狗烹。《千字文》云:"林皋幸即。"林皋即是山林,《庄子·知北游》云:"山林欤!皋址欤!使我欣欣然而乐欤!""林

九　生活 | 133

庄子

庄子（前369~前286年），战国时期散文家、思想家和哲学家，宋国蒙人，道家学说的主要创始人之一。与道家始祖老子并称"老庄"。代表作品为《庄子》，名篇有《逍遥游》《齐物论》等，主张天人合一的自然逍遥之境

皋幸"就是赶快辞官归隐山林吧，山林里才有真正的快乐。

"两疏见机，解组谁逼？""组"是指系官印的丝带，"解组"就是解下官印，辞官归去。西汉的疏广、疏受就非常明智，一旦有好的时机，就弃官归隐了。疏广、疏受是叔侄俩，皆为汉朝名臣。疏广从小好学，精于《论语》《春秋》。本始元年初，汉宣帝征其为博士郎、太中大夫。地节三年封为太子太傅。疏广还乐于创办私学，治学严谨，主张学生应德学兼优。

疏广的侄子疏受，当时亦以贤明被选为太子家令，后升为太子少傅。疏广、疏受在任职期间，曾多次受到皇帝的赏赐，并被称为朝廷中的"二疏"。《汉书》说他们："太子每朝，因进见，太傅在前，少傅在后。父子并为师傅，朝廷以为荣。"疏广对侄儿疏受说："吾闻'知足不辱，知止不殆'，'功遂身退，天之道'也。今仕官至二千石，宦成名立，如此不去，惧有后悔，岂如父子相随出关，归老故乡，以寿命终，不亦善乎？"疏受也深以为然，于是叔侄俩皆上疏告老致仕，提前退休。皇上也恩准了，并赐了许多黄金。当时人都以二疏为贤。

叔侄二人回到家乡，将钱用于接济族中需要接济的人，剩下的也大办宴席招待大家花光了。旁人就很不理解，便问他们说给后人多留些财产不好吗？疏广回答道："我如何不为子孙计呢？家有良田，子孙

苏州园林之何园

何园又名"寄啸山庄",清光绪年间何芷舠所造。何园原址为乾隆年间古园,名双槐园。何园被誉为"晚清第一园",景物怡人。其中,这片石山房系石涛大师叠山作品,堪称人间孤本。

如勤劳，生活不难富足。留多余的钱，不是教他们懒惰吗？况且如果子孙有贤才，钱多了只是损害他们的志气；如果子孙平庸，更多的钱财只能增加他们的罪过。"大家听了，都非常叹服。他们在家也安度了晚年，都非常高寿。疏广、疏受，可谓明于事理也。

《千字文》接下来详细地描绘了隐居后的生活，"索居闲处，沉默寂寥；求古寻论，散虑逍遥"。这简直就是神仙般的日子啊。"索"是萧索冷清，就是说在家闲居无事，也没什么是非，这就是所谓"享清福"。"求古寻论"即是读古人书，魂与古人相交，读书明理，明心养性，"穷理尽性，以至于命"，通达性命之情，这是更高的快乐了。

东晋诗人陶渊明辞官归隐后过着自在生活，赋《归园田居》诗云：

> 种豆南山下，草盛豆苗稀。
> 晨兴理荒秽，带月荷锄归。
> 道狭草木长，夕露沾我衣。
> 衣沾不足惜，但使愿无违。

这里再没有钩心斗角，也没有政治场上那些肮脏的东西，也不用再说些违心的话，也不用再为所谓的是非斤斤计较，而只有月亮映着我的身影从南山归来。晚上的露水打湿了我的衣裳，但这又算得了什么呢？我的心情是那么快活。

《论语》后面几卷里出现了很多隐士，他们对孔夫子汲汲于救世提出异议。《论语·宪问》中记了这样一条：

子路宿于石门。晨门曰："奚自？"子路曰："自孔氏。"曰："是知其不可而为之者与？"

有一次，子路借宿于石门那个地方，守门的人问他："你从哪里来?"子路回答说:"我来自孔子门下。"守门人就说道:"是那个知其不可而为之的孔丘吗?"对孔子这么了解的人,不是一般人。在这个守门人看来,世道就是如此,我们对此也干不了什么,又何必再为之奔波不息呢?可是对于孔子来说,也许可以用《论语》后文的一句话来回答:"天下有道,丘不与易也。"如果天下有道,我孔丘又何必如此奔波呢?问题是天下无道,我辈若不加努力,又哪里还有改善的希望呢?

《论语·微子》篇又载:

长沮、桀溺在一起耕种,孔子路过,让子路去询问渡口在哪里。长沮问子路:"那个拿着缰绳的是谁?"子路说:"是孔丘。"长沮说:"是鲁国的孔丘吗?"子路说:"是的。"长沮说:"那他是早已知道渡口的位置了。"子路再去问桀溺。桀溺说:"你是谁?"子路说:"我是仲由。"桀溺说:"你是鲁国孔丘的门徒吗?"子路说:"是的。"桀溺说:"像洪水一般的坏东西到处都是,你们同谁去改变它呢?而且你与其跟着躲避人的人,为什么不跟着我们这些躲避社会的人呢?"说完,仍旧不停地做田里的农活。

子路回来后把情况报告给孔子。孔子很失望地说:"人是不能与飞禽走兽合群共处的,如果不同世上的人群打交道还与谁打交道呢?如果天下太平,我就不会与你们一道来努力变革这世道了。"

长沮、桀溺是有道之士而隐居于此,孔子师徒路过这里,让子路去问路。他们问车上执舆的人是谁,当子路告知他们是孔子时,他们一语双关地说,孔子是知道路在哪里的呀。他们认为,这就是个无道之世,到处都是如此,与其追随别人避开那些坏人,还不如连这个世界都一起避开。孔子听到他们的话,并不认同他们的讲法,吾自与天下人同群,而岂能避开世人,夫与鸟兽同群呢?如果天下有道,我们

子路问津
出自明代《圣迹图》,现藏山东曲阜文管会。耕者为长沮、桀溺,子路立于旁向其问津。车上之人为孔子

就不用做什么了,正是因为天下尚有无道之处,才需要我们的努力呀。

儒家向来不主张消极避世,而主张积极入世,以刚健之乾道,来变易天下。对于儒家来说,所谓的隐者,虽然自持名节,然则只是为己身计罢了。君子生于世,岂能只为己身计哉?

图书在版编目（CIP）数据

传世奇文：《千字文》/ 秦际明著. — 郑州：中州古籍出版社，2014.4
（华夏文库）
ISBN 978-7-5348-4575-8

Ⅰ. ①传… Ⅱ. ①秦… Ⅲ. ①古汉语 – 启蒙读物 ②《千字文》– 研究 Ⅳ. ①H194.1

中国版本图书馆CIP数据核字（2013）第307571号

华夏文库·儒学书系
传世奇文：《千字文》

责任编辑	张向敏
责任校对	牛冰岩
封面设计	新海岸设计中心
版式设计	曾晶晶
美术编辑	曾晶晶
责任印制	刘新毅
项目统筹	单占生　萧　红（执行）

出　版	中州古籍出版社
	地址：河南省郑州市经五路66号
	邮编：450002
	电话：0371-65788693
经　销	新华书店
印　刷	河南新华印刷集团有限公司
版　次	2014年4月第1版
印　次	2014年4月第1次印刷
开　本	960毫米×640毫米　1/16
印　张	9印张
字　数	180千字
印　数	1–3000册

ISBN　978-7-5348-4575-8
定　价　24.00元

本书如有印装质量问题，由承印厂负责调换